中国服务业集聚研究：
特征、成因及影响

Study on Agglomeration of Service Industry in China:
Characteristics, Causes and Impacts

王 猛 著

经济管理出版社
ECONOMY & MANAGEMENT PUBLISHING HOUSE

图书在版编目（CIP）数据

中国服务业集聚研究：特征、成因及影响/王猛著 . —北京：经济管理出版社，2022.6

ISBN 978-7-5096-8508-2

Ⅰ.①中…　Ⅱ.①王…　Ⅲ.①服务业—经济发展—研究—中国　Ⅳ.①F726.9

中国版本图书馆 CIP 数据核字（2022）第 097454 号

组稿编辑：宋　娜
责任编辑：宋　娜
责任印制：黄章平
责任校对：蔡晓臻

出版发行：经济管理出版社
　　　　　（北京市海淀区北蜂窝 8 号中雅大厦 A 座 11 层　100038）
网　　址：www.E-mp.com.cn
电　　话：（010）51915602
印　　刷：唐山玺诚印务有限公司
经　　销：新华书店
开　　本：720mm×1000mm/16
印　　张：14.75
字　　数：212 千字
版　　次：2024 年 5 月第 1 版　　2024 年 5 月第 1 次印刷
书　　号：ISBN 978-7-5096-8508-2
定　　价：98.00 元

第十批《中国社会科学博士后文库》
编委会及编辑部成员名单

《中国社会科学博士后文库》
出版说明

为繁荣发展中国哲学社会科学博士后事业，2012年，中国社会科学院和全国博士后管理委员会共同设立《中国社会科学博士后文库》（以下简称《文库》），旨在集中推出选题立意高、成果质量好、真正反映当前我国哲学社会科学领域博士后研究最高水准的创新成果。

《文库》坚持创新导向，每年面向全国征集和评选代表哲学社会科学领域博士后最高学术水平的学术著作。凡入选《文库》成果，由中国社会科学院和全国博士后管理委员会全额资助出版；入选者同时获得全国博士后管理委员会颁发的"优秀博士后学术成果"证书。

作为高端学术平台，《文库》将坚持发挥优秀博士后科研成果和优秀博士后人才的引领示范作用，鼓励和支持广大博士后推出更多精品力作。

《中国社会科学博士后文库》编委会

摘　要

　　经济高质量发展有赖于服务业的又好又快发展。从空间视角看，中国的服务业呈现一定程度的集聚，即其主要布局在部分区域而非在全国均匀分布。理论上，服务业集聚的好处在于能够获得外部规模经济，这有利于提升产业绩效。因此，服务业集聚有可能成为推动中国服务业又好又快发展的有效途径。基于这一认识，本书对中国的服务业集聚展开系统研究，聚焦以下三个问题：服务业集聚有哪些特征？服务业集聚的成因是什么？服务业集聚产生了哪些影响？

　　本书基于第五、第六次人口普查分县数据，在县级单元上测量中国服务业集聚特征，有以下发现：全国层面上，服务业整体的区位基尼系数为 0.517，集聚水平适中；分组来看，集聚水平由高到低依次是生产性服务业、消费性服务业和公共服务业；所有的服务业门类均表现出集聚性，部分门类的集聚水平高于制造业；生产性服务业、消费性服务业的集聚水平有增有减，而公共服务业的集聚水平存在减弱趋势。此外，在三大地区层面、省域层面和县级单元上，服务业集聚均表现出较强的区域异质性；而服务业分组、服务业门类的集聚也表现出较强的行业异质性。

　　服务业集聚特征也可以从规模分布视角加以刻画。全国层面上，全域 Moran's I 指数为 0.406，表明服务业规模分布呈现正的空间相关性；局域 Moran's I 指数则表明服务业规模分布存在一定的"俱乐部"特征；Pareto 指数为 0.737，规模分布较为均匀，不服从 Zipf 定律。同样地，在三大地区、省域等区域层面，以及服务业分组、服务业门类等行业层面，中国服务业的规模分布均表现出较强的异质性。

为解释服务业集聚的成因，本书从经济地理因素、制度因素两个维度提出理论框架。在此基础上，利用 2007 年省级投入产出表、2008 年全国经济普查资料以及 2010 年全国人口普查分县资料，构造"省域—行业"截面数据集，实证检验中国服务业集聚的形成机制。结果表明：四类经济地理因素的作用存在差异，专业劳动力市场、知识溢出能显著促进服务业集聚，而中间投入、市场规模的影响不显著；两大制度因素中，地方保护主义阻碍了服务业集聚，对外开放对服务业集聚则无显著影响。

本书还关注文化产业这一特殊消费性服务业的集聚成因。在理论分析基础上，利用 2003—2011 年 35 个大中城市面板数据实证分析文化产业集聚的决定因素。结果表明，各决定因素对文化产业集聚的影响存在区域差异：产业结构、人力资本、产业政策促进了西部的文化产业集聚，对东、中部影响不显著；产业多样化对东、中部文化产业集聚有正向影响，对西部影响不显著；产业专业化抑制了东部的文化产业集聚，促进了中、西部文化产业集聚；基础设施对文化产业集聚没有显著影响。

至于服务业集聚的影响，本书首先考察科技服务业这一特殊生产性服务业的集聚如何影响工业效率。构造理论模型，说明科技服务业集聚能通过经济关联、知识关联机制产生外部规模经济，进而促进工业效率提升。在此基础上，对 2008—2016 年省级面板数据的实证分析表明：科技服务业集聚能显著提升工业效率；科技服务业集聚对工业效率的影响是线性的，并不存在非线性关系；科技服务业集聚的空间溢出效应不显著，但邻近省级行政区之间的工业劳动生产率相互抑制；科技服务业集聚对工业效率的提升主要体现在东部地区，在中、西部地区不显著。此外，分析2000—2017年关中平原城市群、成渝城市群的城市面板数据，发现这一影响在不同城市群存在异质性。

进一步地，本书研究服务业集聚区如何影响企业发展。理论上，服务业集聚区提供的外部规模经济、全球价值链构成了推动企业创新的双重维度；除了集聚租（外部规模经济），服务业集聚区提供的政策租也会影响企业绩效。基于2013年江苏9个服务业集聚区的939家企业数据，实证分析表明：服务业集聚区所提供的外部规模经济，以及嵌入全球价值链所获得的国际技术外溢显著提高了服务业企业的创新能力；集聚租、政策租对服务业企业绩效均有显著提升，表现在提高利润率、增加营业收入的同时降低了融资成本；当前服务业集聚区影响企业绩效的主要机制是政策租而非集聚租。

本书的研究结论表明，服务业政策制定中需考虑的一个核心问题应是如何推动服务业集聚，以充分利用外部规模经济。具体措施应包括以下内容：推动服务业向发展较好的县级单元集中；县级单元间形成有效的功能分工和层级分工；促进文化产业向城市集聚；以科技服务业集聚提升工业效率；服务业集聚区应更好地提供集聚租；发挥市场在服务业资源配置中的决定性作用。

关键词：服务业；集聚；外部规模经济

Abstract

The high-quality economic development depends on the sound and rapid development of the service industry. From a spatial perspective, China's service industry has a certain degree of agglomeration, that is, its main layout is in some regions rather than evenly distributed across the country. Theoretically, the advantage of service industry agglomeration lies in the ability to obtain external economies of scale, which is conducive to improving industrial performance. Therefore, service industry agglomeration may become an effective way to promote the sound and rapid development of China's service industry. Based on this understanding, this book conducts a systematic study of China's service industry agglomeration, focusing on the following three questions: What are the characteristics of service industry agglomeration? What is the cause of service industry agglomeration? What are the effects of service industry agglomeration?

Based on the data from the fifth and sixth censuses by counties, this book measures the agglomeration characteristics of China's service industry on county-level units. The findings are as follows: at the national level, the overall location Gini coefficient of the service industry is 0. 517, indicating a moderate agglomeration level; it can be seen that the level of agglomeration in descending order is the producer service industry, the consumer service industry and the public service industry; all service industry sectors show agglomeration, and the agglomeration level of some sectors is higher than the manufacturing industry; the agglomeration level of producer service industry and consumer service industry have increased or decreased, while the agglomeration level of public service industry has a tendency to weaken. In addition, at the three regional, provincial, and county-level units, service industry agglomeration shows strong regional heterogeneity; and service industry groupings and service industry clusters also show strong industry heterogeneity.

The agglomeration characteristics of the service industry can also be described from the perspective of scale distribution. At the national level, the global Moran's I index is 0.406, indicating that the scale distribution of the service industry shows a positive spatial correlation; the local Moran's I index indicates that the scale distribution of the service industry has certain club characteristics; the Pareto index is 0.737, indicating a relatively large scale distribution uniform, does not obey Zipf's law. Similarly, at the regional level such as the three major regions and provinces, as well as the service industry groupings, service industry categories and other industry levels, the scale distribution of China's service industry shows strong heterogeneity.

In order to explain the causes of service industry agglomeration, this book proposes a theoretical framework from two dimensions of economic geography and institutional factors. On this basis, using the 2007 provincial input-output table, the 2008 national economic census data and the 2010 national census data by county, this book constructs a provincial-industry cross-sectional data set to empirically test the formation of China's service industry agglomeration mechanism. The results show that there are differences in the effects of the four types of economic and geographic factors. The professional labor market and knowledge spillover can significantly promote the agglomeration of the service industry, while the influence of intermediate input and market size are not significant; of the two major institutional factors, local protectionism hinders the service industry agglomeration, opening to the outside world has no significant impact on the agglomeration of the service industry.

This book also pays attention to the agglomeration of the cultural industry, a special consumer service industry. Based on theoretical analysis, the panel data of 35 large and medium-sized cities from 2003 to 2011 is used to empirically analyze the determinants of cultural industry agglomeration. The results show that there are regional differences in the influence of various determinants on the agglomeration of cultural industries: industrial structure, human capital, and industrial policies have promoted the agglomeration of cultural industries in the west, but have no significant impact on the eastern and central regions; industrial diversification has a positive impact on the cultural industry agglomeration in the eastern and central regions, but has no significant impact on the western regions; industrial specialization inhibits the agglomeration of cultural industries in the east and promotes the agglomeration of cultural industries in the central and western regions; infrastructure has no significant impact on the agglomeration of cultural industries.

As for the impact of service industry agglomeration, this book first examines how the agglomeration of technological service industry, a special productive service industry, affects industrial efficiency. Constructing a theoretical model shows that the agglomeration of science and technology service industry can generate external economies of scale through economic linkage and knowledge linkage mechanisms, thereby promoting industrial efficiency. On this basis, the empirical analysis of the panel data of 30 provinces from 2008 to 2016 shows that the agglomeration of science and technology service industry can significantly improve the industrial efficiency; the influence of the agglomeration of science and technology service industry on industrial efficiency is linear, and there is no non-linear relationship; the spatial spillover effect of the agglomeration of science and technology service industry is not significant, but the industrial labor productivity between neighboring provinces inhibit each other; the improvement of industrial efficiency by the agglomeration of science and technology service industry is mainly reflected in the eastern region, not significant in the central and western regions. In addition, analyzing the urban panel data of the Guanzhong Plain urban agglomeration and the Chengdu-Chongqing urban agglomeration from 2000 to 2017, it is found that this impact is heterogeneous in different urban agglomerations.

Further, this book studies how service industry clusters affect the development of enterprises. In theory, the external economies of scale and global value chains provided by service industry clusters constitute a dual dimension to promote enterprise innovation; in addition to cluster rents (external economies of scale), the policy rents provided by service industry clusters also affect corporate performance. Based on the data of 939 companies in 9 service industry clusters in Jiangsu in 2013, empirical analysis shows that the external economies of scale provided by the service industry clusters and the international technology spillovers gained by embedding in global value chains have significantly improved the innovation ability of service industry companies; agglomeration rent and policy rent have significantly improved the performance of service industry companies, which is reflected in increasing profit margins and increasing operating income while reducing financing costs; the current service industry agglomeration area's main mechanism to affect corporate performance is policy rent rather than agglomeration rent.

The research conclusions of this book indicate that a core issue that needs to be considered in the formulation of service industry policy should be how to promote the agglomeration of the service industry in order to make full use of external economies of scale. Specific measures should include: promoting the concentration of the service industry to well-developed county-level units; forming effective functional and hierarchical division of labor among county-level units; promoting the agglomeration of cultural industries in cities; enhancing industrial efficiency through the agglomeration of scientific and technological service industries; and agglomeration of service industries should better provide agglomeration rent; give full play to the decisive role of the market in the resource allocation of the service industry.

Key Words: Service Industry; Agglomeration; External Economies of Scale

目　录

Contents

第一章 绪 论

第一节 问题的提出

服务业在国民经济中扮演着重要角色。对中国这样的制造大国而言，制造业发展与生产性服务业密切相关。科技、信息、金融、商务和物流等生产性服务业作为中间投入品嵌入生产环节，推动了制造业的转型升级。而在作为人口大国的中国，亿万人民生活水平的提高离不开房地产、旅游、教育、医疗和社会保障等高水平的消费性服务业、公共服务业。从产业结构看，2012年服务业增加值占全国GDP的比重首次超过第二产业，2015年首次突破50%，2019年则上升至54%，表明中国已进入服务经济时代。由此可见，中国经济的高质量发展有赖于服务业又好又快发展。

从空间角度看，中国服务业呈现出较强的集聚特征，即服务业主要分布在局部区域，而不是均匀分布。从全国层面上来说，一半以上的服务业增加值只集中在30个发达城市，行政等级高、经济规模大的城市以及沿海城市是服务业的主要集聚区域（李华香、李善同，2014）。具体到城市层面，服务业通常布局在CBD、软件产业园、文化创意街区、物流园区和旅游景区等各类服务业集聚区。从理论上来说，服务业集聚的好处在于能够获得外部规模经济，这有利于提升服务业自身的产业绩效。因此，服务业的空间集聚是推动中国服务业又好又快发展的有效途径。

基于这一认识，本书聚焦于中国服务业集聚，尝试回答以下三个问题：服务业集聚有哪些特征？服务业集聚的成因是什么？服务业集聚产生了哪些影响？对上述问题的探讨，使我们得以从事实、原因和结果三个维度全面、系统地理解中国服务业集聚。进一步来看，通过发掘研究结论的政策含义，可以利用政策工具合理引导服务业集聚，以充分发挥服务业集聚的积极影响。

有必要指出，对经济问题的研究不能脱离其制度背景，不同制度下的经济现象会呈现差异性和特殊性。本书是在"转型期"这一大背景下分析中国服务业集聚问题的。改革开放以来，中国持续处于由计划经济向市场经济转型的过程中，这一转型期的突出特征是市场自主与政府干预并存，市场在资源配置中的决定性作用尚未充分发挥，政府对经济活动的影响则不容忽视。在中国式分权和晋升锦标赛体制下，地方政府间、地方政府官员间存在着激烈竞争（Qian and Xu，1993；周黎安，2007），地方政府尽一切可能整合、利用其所能控制的资源对经济实施干预，其手段包括直接进行政府投资和出台各类产业政策、区域政策等。政府干预手段往往具有地方保护主义倾向，容易导致重复建设和市场分割（周黎安，2004）。同时，政府干预的存在可能阻碍了劳动、资本等各类生产要素的自由流动，不利于服务业形成集聚及产生积极影响。

本书研究转型期的中国服务业集聚时，不仅注重对市场作用的分析，还将充分考察政府干预所扮演的角色。具体地讲，在对服务业集聚成因的分析中，引入地方保护主义、产业政策等决定因素；分析服务业集聚的影响时，则着重讨论政策租如何限制了外部规模经济发挥作用。上述分析启发我们更深入地思考政府的边界，进一步理解政府与市场的关系，协调"看得见的手"和"看不见的手"，更好地推进中国特色社会主义市场经济建设。

第二节　文献述评

近年来，中国服务业集聚问题得到越来越多的关注，积累了大量的文献。本节对 2000—2019 年 CSSCI 期刊论文进行知识图谱分析，以此为基础述评中国服务业集聚研究的核心内容，并展望未来的改进方向。

一、知识图谱分析

本节以 CSSCI 来源期刊为依据，分析涉及中国服务业集聚的学术论文。在中国知网（China National Knowledge Infrastructure，CNKI）中，同时以"服务业"和"集聚"为关键词进行模糊检索，时间范围设置为 2000—2019年，并剔除简讯、书评、会议介绍、校正等非学术论文类文献，最终共筛选出代表性文献 681 篇。

对上述代表性文献进行知识图谱分析，以厘清 20 年间中国服务业集聚研究的规律性特征和研究热点。一是借助 CNKI 的可视化功能，获得 681 篇 CSSCI 期刊论文的发表年份、发表期刊、作者及其所在研究机构、被引频次等信息。二是利用 Citespace 5.6 软件的关键词共现分析，获得关键词的词频信息并生成关键词共现知识图谱。关键词共现分析中，设置时间跨度为 2000—2019 年，时间切片 Slice 为 1，节点类型为 Keywords，共现词频大于等于 3。

总体上看，每年发表的中国服务业集聚主题的 CSSCI 期刊论文数呈增加趋势（见图 1-1）。具体可分为以下四个阶段：2000—2007 年为初步探索阶段，该阶段的论文发表数量极少，8 年间仅发表论文 31 篇，占全部样本的 4.6%。2008—2009 年为迅速增加阶段，仅 2009 年就发表论文 41 篇，超过了初步探索阶段的总和。2010—2017 年为平稳增加阶段，尽管 2010 年、

2016 年的论文数量较前一年有所减少，但 8 年间整体仍保持较高的增速。
2018—2019 年则为缓慢下降阶段，论文发表数量逐年减少。

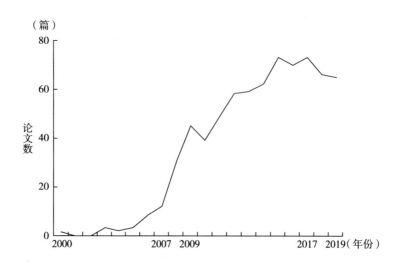

图 1-1　中国服务业集聚研究的时间趋势

资料来源：笔者绘制。

学术期刊对同一研究主题的偏好程度通常存在差异。图 1-2 报告了
2000—2019 年发表中国服务业集聚论文最多的前 10 名 CSSCI 期刊（共 11
家）。其中，《经济地理》《统计与决策》《科技管理研究》《经济问题探索》
《产业经济研究》《科技进步与对策》《软科学》7 家期刊发表的中国服务业
集聚论文均在 15 篇以上。这说明"服务业集聚"是经济学、地理学、统计
学、管理学等学科共同关注的重要领域。

分析文献的作者分布，有助于了解某一研究领域的高产学者。2000—
2019 年，在 CSSCI 期刊发表中国服务业集聚论文最多的前 10 名学者（共 12
位）如图 1-3 所示。其中，何骏就这一主题发表论文 22 篇，处于绝对领先
地位。紧随其后的是李文秀和韩峰，分别为 12 篇和 10 篇。此外，夏杰长、
顾乃华、宣烨等 9 位学者发表论文数量均在 6 篇以上。上述学者为中国服务
业集聚研究做出了突出贡献。

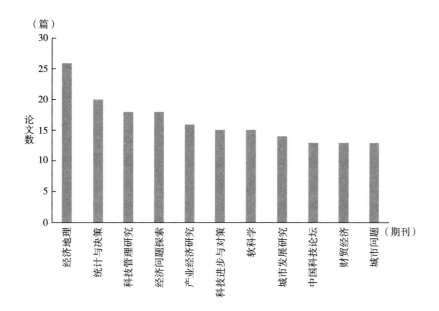

图1-2 2000—2019年中国服务业集聚研究的主要期刊

资料来源：笔者绘制。

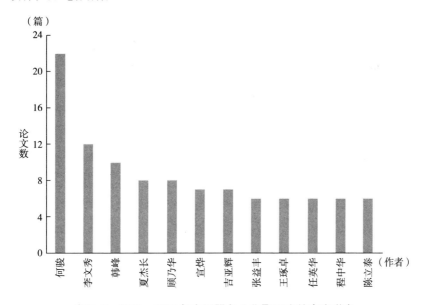

图1-3 2000—2019年中国服务业集聚研究的高产学者

资料来源：笔者绘制。

在中国服务业集聚研究领域，部分研究机构凭借较多的 CSSCI 论文数量成为核心机构（见图 1-4）。在前 10 名核心机构中，上海财经大学、南京大学在 20 年间发表的中国服务业集聚研究论文均超过 30 篇，湖南大学、暨南大学和北京大学均超过 20 篇，南开大学等 5 个研究机构发表的论文数量也在 10 篇以上。从核心机构的地区分布看，除湖南大学外的 9 个研究机构均处于东部，可见东部地区在中国服务业集聚研究方面具有"集聚"优势。

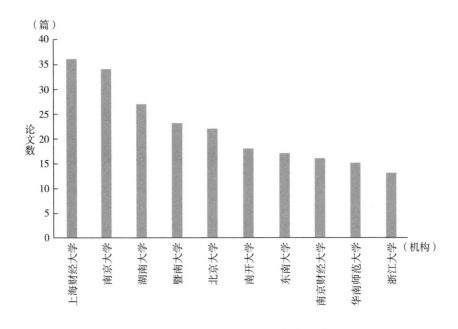

图 1-4　中国服务业集聚研究的核心机构

资料来源：笔者绘制。

文献的被引频次反映一篇论文在学术界的传播情况和影响力。2000—2019 年在 CSSCI 期刊发表的中国服务业集聚论文中，按被引频次由高到低排名前 10 位的论文如表 1-1 所示。其中，陈宪、黄建锋（2004）和陈建军等（2009）的引用频次分别高达 681 次和 650 次，以绝对优势成为中国服务业集聚领域的经典文献。其余 8 篇论文的被引频次均在 200 次以上，获得了广泛认可并产生了较大影响。

表 1-1 中国服务业集聚研究的高被引论文

排名	论文题目	被引(次)	年份	作者	期刊
1	分工、互动与融合：服务业与制造业关系演进的实证研究	681	2004	陈宪、黄建锋	中国软科学
2	新经济地理学视角下的生产性服务业集聚及其影响因素研究——来自中国 222 个城市的经验证据	650	2009	陈建军等	管理世界
3	生产性服务业与制造业的协同定位研究——以浙江省 69 个城市和地区为例	340	2011	陈建军、陈菁菁	中国工业经济
4	产业融合：旅游业发展趋势的新视角	285	2008	杨颖	旅游科学
5	中国生产性服务业集聚及其影响因素研究——基于行业和地区层面的分析	272	2013	盛龙、陆根尧	南开经济研究
6	服务业集聚的二维评价模型及实证研究——以美国服务业为例	223	2008	李文秀、谭力文	中国工业经济
7	产业关联、空间地理与二三产业共同集聚——来自中国 212 个城市的经验考察	219	2012	陈国亮、陈建军	管理世界
8	生产性服务业集聚与制造业升级：机制与经验——来自 230 个城市数据的空间计量分析	214	2014	盛丰	产业经济研究
9	中国服务业全要素生产率增长及其收敛分析	211	2010	刘兴凯、张诚	数量经济技术经济研究
10	生产性服务业空间集聚与制造业效率提升——基于空间外溢效应的实证研究	206	2012	宣烨	财贸经济

注：被引数据截至 2020 年 5 月 31 日。

资料来源：中国知网。

中国服务业集聚研究中的高频关键词如表 1-2 所示。2000—2019 年，在 CSSCI 期刊中出现 6 次以上的关键词共有 32 个。其中，有 5 个关键词出现的频次大于 50 次，分别是生产性服务业（178 次）、产业集聚（99 次）、集聚（71 次）、服务业集聚（67 次）和服务业（65 次）。

图 1-5 展示了关键词共现网络。图中关键词所在的节点半径越大，表明该关键词的出现频次越高。某一关键词与其他关键词之间的连线越粗，表明这两个关键词的共现次数越多，即二者的联系越紧密。

　　观察表 1-2 和图 1-5，我们有以下判断：第一，把握服务业集聚的特征，在此基础上考察其成因和影响，是服务业集聚研究的逻辑脉络；第二，生产性服务业的集聚问题得到了极其充分的研究；第三，文献涉及服务业和制造业协同集聚，以及科技服务业、金融业等服务业细分行业的集聚问题；第四，长三角、长江经济带等是服务业集聚研究的热点区域。接下来将据此分析中国服务业集聚研究的核心内容。需要说明的是，为呈现基于城市数据的大样本结论，仅对全国或大尺度区域上的服务业集聚文献展开述评，不涉及单一城市的服务业集聚文献。

表 1-2　中国服务业集聚研究的高频关键词

排名	关键词	频次	排名	关键词	频次
1	生产性服务业	178	17	制造业集聚	14
2	产业集聚	99	18	服务业集聚区	12
3	集聚	71	19	城市群	10
4	服务业集聚	67	20	金融服务业	10
5	服务业	65	21	创新	9
6	空间集聚	49	22	集聚区	9
7	生产性服务业集聚	47	23	产业集群	9
8	制造业	41	24	空间分布	8
9	现代服务业	37	25	全要素生产率	7
10	影响因素	27	26	区位熵	7
11	协同集聚	25	27	制造业升级	7
12	经济增长	23	28	知识密集型服务业	7
13	集聚效应	21	29	空间溢出效应	6
14	科技服务业	19	30	信息服务业	6
15	多样化集聚	16	31	城镇化	6
16	专业化集聚	16	32	现代服务业集聚区	6

资料来源：中国知网。

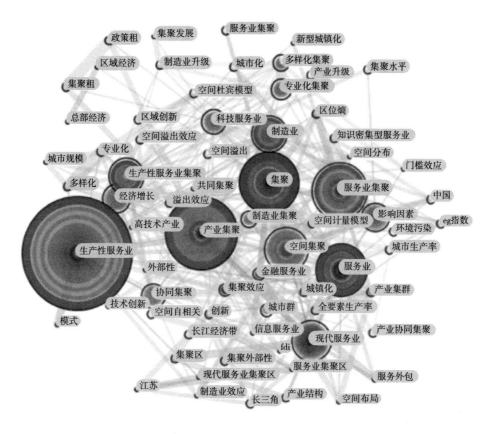

图 1-5　中国服务业集聚研究的关键词共现网络

资料来源：笔者绘制。

二、中国服务业集聚研究的核心内容

1. 服务业集聚的典型特征

把握服务业集聚的时空特征是服务业集聚研究的逻辑前提。对全国层面上服务业集聚的研究不可避免地涉及空间单元的选择。所谓空间单元，是指承载服务业规模信息的最小空间尺度。

限于数据可获得性，现有文献通常以省级或市级行政区作为空间单元。基于省级空间单元的研究指出，东部地区的服务业集聚程度最高，且东部、中部、西部三大地区内差异大于地区间差异（程大中、黄雯，2005）。更多的研究则在市级空间单元上展开，得出以下重要结论：第一，从水平和趋势看，服务业总体的集聚强度要高于工业集聚或第二产业集聚，且集聚水平持续提高（胡霞，2008；李华香、李善同，2014）。第二，服务业集聚存在地区异质性。从地区内的集聚程度看，西部高于中部，中部又高于东部（胡霞，2008）。一半以上的服务业增加值只集中在服务业发达的 30 个城市，行政等级高、经济规模大的城市以及沿海城市是服务业的主要集聚区（李华香、李善同，2014）。第三，服务业集聚存在行业异质性。公益性行业集聚程度较低，而商业化程度高的行业集聚态势明显（胡霞，2008）。生产性服务业最具规模化和集聚化特征，集聚水平最高且呈现不断上升的趋势；消费性服务业的集聚度略低且追随人口而布局；公共服务业呈现更加均等化趋势（李善同、李华香，2014）。

2. 服务业集聚的形成机制

许多文献从经济地理视角考察服务业集聚的形成机制，特别证实了新经济地理学所强调的市场规模的作用（Krugman，1991a）。张军等（2012）认为，市场潜能越高的城市服务业集聚程度也越高，城市市场潜能提高 1% 导致服务业集聚程度平均提高约 0.2%。段文斌等（2016）发现，复合效率优势、市场需求及共同作用是服务业聚集的重要机制，而市场便利程度、拥挤程度分别促进、削弱了服务业聚集。刘康兵等（2019）的分析表明，市场潜力的大小决定了服务业在该地区的地理集中度，而工资水平则是服务业集聚的离心力。

除经济地理视角外，越来越多的文献从制度视角探讨服务业集聚的成因。服务产品大都具有无形性、易逝性的特点，其生产、消费往往同时完成，这种特性要求稳定高效的契约制度来保障服务参与主体的权益。与制造业相比，服务业独特的产业特性决定了其发展更为依赖外部契约的执行环境。因此，契约环境对服务业集聚具有显著的促进作用（顾乃华、刘胜，2015；刘杨、蔡宏波，2017）。服务业集聚也可能是市场和政府共同作用的结果，市场化程度的加深可以显著提高服务业的空间集聚水平，而具有地方保护主义倾向的政府干预行为则严重阻碍了服务业空间集聚的形成（孔令池等，2016）。

3. 服务业集聚的潜在影响

集聚理论强调产业集聚会产生外部规模经济，直接表现是提升产业的生产率和工资水平。外部规模经济既包括经由价格机制而起作用的货币外部性（经济关联），也涉及因知识溢出而产生的技术外部性（知识关联）（Fujita and Mori，2005）。服务业集聚的外部性首先给服务业本身带来影响。服务业集聚会显著提升服务业的劳动生产率（胡霞、魏作磊，2009；王晶晶等，2014），但这一影响可能并不长期存在（孙浦阳等，2013）。服务业集聚对服务业工资水平的影响呈倒"U"形：集聚程度的提高会拉动行业平均工资的增长，但集聚超过一定程度后对工资水平有负向影响（蔡宏波等，2017）。服务业集聚还具有自我强化的功能，表现为吸引服务业外商直接投资的流入（何骏，2013）。

进一步地，服务业集聚产生的外部性可能波及其他行业，最终影响整个地区的经济。服务业集聚会促进地区劳动生产率的提高（陈立泰、张祖妞，2011），且前提是地区的交通运输成本足够低（孙晓华等，2017）。张明志和余东华（2018）则认为，服务业集聚对城市生产率的影响呈倒"U"形，集聚程度达到一定水平将引发"拥塞效应"。其中，沿海城市、省会城市的"拥塞效应"相对平缓，而非沿海城市、非省会城市则更加剧烈。杨仁发（2013）的分析表明，服务业集聚显著提高了地区工资水平，这一影响主要存在于消费性服务业集聚和公共服务业集聚。

4. 生产性服务业集聚

依据现有文献，全国层面上的生产性服务业集聚呈现如下典型特征：从水平和趋势看，生产性服务业的集聚程度处于整个服务业的前列，且集聚趋势强于其他性质的服务业（陈建军等，2009；盛龙、陆根尧，2013）。生产性服务业的规模分布基本服从 Zipf 定律（张虎、韩爱华，2018）。进一步地，生产性服务业集聚有很强的地区异质性。沿海地带成为生产性服务业区位选择最为集中的地区（陈红霞、李国平，2016），中国已形成"以东部沿海为集聚中心，以东北、中西部为外围"的生产性服务业集聚格局，且存在强化趋势（盛龙、陆根尧，2013）。生产性服务业主要集聚在区域中心城市，且中心城市与非中心城市的生产性服务业发展差距日益加大（席强敏等，2016）。

生产性服务业集聚的形成仍可归结于经济地理和制度原因。陈建军等（2009）发现，知识密集度、信息技术水平、城市规模和政府规模对生产性服务业集聚有显著的促进作用。同时与制造业集聚相比，生产性服务业集聚较少受到地理因素和累积循环因果关系的影响。宣烨（2013）考察市场规模、交易成本对生产性服务业集聚的影响，认为不同区域影响生产性服务业集聚的关键因素存在差异，东部城市表现为市场规模的扩大，而中西部城市则是交易成本的降低。盛龙和陆根尧（2013）同时从行业、地区两个维度分析生产性服务业集聚的决定因素，证实市场需求、知识外溢是生产性服务业的集聚力，而运输费用、制度成本等因素则是生产性服务业的分散力。谭洪波（2013）发现，生产性服务业集聚受信息通信技术的影响最为显著，信息化程度越高，生产性服务业的空间集聚程度越高。席强敏等（2016）提出，市场潜能对生产性服务业集聚具有显著影响，但影响主要集中在区域中心城市，对非中心城市的作用不显著。宣烨等（2019）则关注高铁这一新兴交通工具对高端生产性服务业集聚的影响，发现高铁的开通显著促进了高端生产性服务业的多样化集聚，这一影响主要存在于东部地区，其作用机制包括提升区位可达性、降低交易成本、改善要素丰裕程度等。

对于生产性服务业集聚的潜在影响，现有文献主要从两个方面加以探讨：一方面，由于生产性服务业作为中间投入品深度参与制造业的价值链环节，研究者关注生产性服务业集聚对制造业效率提升的影响。对企业数据的分析中，宣烨和余泳泽（2017）发现，生产性服务业集聚显著提升了制造业的全要素生产率，且多样化集聚、低端生产性服务业集聚的影响分别强于专业化集聚、高端生产性服务业集聚。除了对本地区的制造业效率产生影响，生产性服务业集聚还具有空间外溢效应，即提升其他地区的制造业效率。并且这种空间外溢效应具有空间衰减特征的地理边界，200千米以内为空间外溢的密集区域，500千米为空间外溢的"半衰"距离（余泳泽等，2016）。

另一方面，研究生产性服务业集聚对地区经济的影响。生产性服务业集聚能显著提升劳动生产率，但这种集聚效应存在于东部、西部而非中部地区（惠炜、韩先锋，2016）。生产性服务业集聚显著提升地区全要素生产率（鹿坪，2017），但存在行业异质性：高端生产性服务业集聚对全要素生产率有显著的促进作用，低端生产性服务业集聚的影响总体上并不显著（张浩然，2015）。生产性服务业的多样化集聚在全国层面和东、中、西部层面都推动了经济增长，而专业化集聚则推动了中部地区的经济增长（于斌斌，2016）。韩峰等（2014）发现，生产性服务业集聚推动了城市化，渠道包括专业化集聚、多样化集聚的技术溢出效应，以及集聚规模带来的市场外部性。刘胜和顾乃华（2015）指出，生产性服务业集聚能够减少污染排放，其机制包括技术溢出效应以及生产性服务业与制造业投入产出关联带来的市场外部性。此外，生产性服务业集聚还促进了地区技术创新（原毅军、郭然，2018）。

5. 制造业与服务业协同集聚

现实中常存在多个产业同时集聚在某一地区的现象，即"协同集聚"。制造业与服务业的协同集聚问题也受到关注，有文献探讨其形成机制。在谭洪波（2015）构建的一般均衡模型中，制造业和生产性服务业的集聚关系依赖于生产性服务业的贸易成本：生产性服务业的贸易成本较高时，两种产业协同集聚；反之，两种产业存在分离集聚的关系。张虎等（2017）发现，知识溢出、技术创新与层级分工程度对制造业与生产性服务业协同集聚均有正向影响。阎川和雷婕（2019）关注到财政分权的影响。在中国式分权下，地方政府官员竞争会促进制造业集聚和生产性服务业集聚，但天然存在"重制造业、轻生产性服务业"倾向。由此，财政分权对制造业与生产性服务业协同集聚的影响呈现倒"U"形：制造业集聚小于生产性服务业集聚时，财政分权会促进两个产业的协同集聚，且制造业各行业之间的关联度越高这种促进效果越明显；制造业集聚大于生产性服务业集聚时，财政分权则阻碍了两个产业的协同集聚发展，而制造业和生产性服务业之间关联度的提升则会缓解这种阻碍作用。

还有文献分析制造业与服务业协同集聚的潜在影响。杨仁发（2013）发现，制造业与服务业、制造业与生产性服务业、制造业与消费性服务业的协同集聚均显著提升了地区工资水平，而制造业与公共性服务业的协同集聚对地区工资水平的影响不显著。鹿坪（2017）的研究表明，制造业与生产性服务业的协同集聚显著促进了地区全要素生产率的提高。崔书会等（2019）分析制造业与生产性服务业协同集聚的资源错配效应，指出协同集聚的提高会显著降低资本错配和劳动力错配，其机制在于协同集聚显著提升了金融业的专业化分工并提高了劳动力成本。

6. 服务业细分行业的集聚

现有文献也涉及部分服务业细分行业的集聚状况。一是生产性服务业细分行业的集聚。张清正和李国平（2015）指出，科技服务业集聚程度最高的省级行政区为北京、上海和陕西，东部、中部地区内的科技服务业不平衡程度高于东北、西北和西南地区，而规模经济、科技实力、知识溢出及政府行为等对科技服务业集聚产生了显著影响。进一步地，朱文涛和顾乃华（2017）发现，科技服务业集聚促进了本地区创新水平的提高，但抑制了邻近地区的创新水平。就金融业集聚而言，集聚程度最高的地区包括长三角、京津冀和珠三角，上海、北京、天津、广州、深圳是全国性金融中心城市，200万人以上城市是金融活动的主要集聚地，而各省区的金融集聚中心一般为其省会城市及副中心城市（茹乐峰等，2014）。金融业集聚对地区的经济增长和工业效率都产生了促进作用，且存在空间溢出（李红等，2014；余泳泽等，2013）。

二是消费性服务业细分行业的集聚。旅游业的集聚程度较低，东部沿海省市、中西部一线旅游城市是主要集聚区域（王凯、易静，2013）。AAA级以上旅游景区在胡焕庸线两侧分布悬殊，其中，AAAAA级景区集聚在经济发达地区，AAAA级景区沿黄河、长江流域集中分布，AAA级景区多处于东部滨海沿线（李鹏等，2018）。进一步的分析表明，影响旅游业集聚的因素包括经济发展水平、旅游资源禀赋、旅游服务设施、交通条件和信息化程度等（吴媛媛、宋玉祥，2018）。据张蔷（2013）对文化创意产业园区的统计，中国存在长三角、珠三角等六大文化创意产业集群，以及中心城区、中心城区外围、邻近高科技园和远郊县（区）四大空间布局模式。

三是公共服务业细分行业的集聚。汪凡等（2019）分析了基础教育的集聚格局，指出东部在人均意义上的学前教育数量远胜于西部，非均等化问题较为严重，而中、小学教育的非均等化程度较弱。进一步分析表明，常住人口、第三产业比例和城市建成区面积是影响基础教育集聚的主要因素。

7. 热点区域的服务业集聚

作为中国经济最发达的地区之一，长三角的服务业集聚问题备受关注。高度外向型经济和完善的现代交通，都成为影响长三角服务业集聚的因素。吴福象和曹璐（2014）认为，长期以来，长三角过度依赖加工贸易方式参与国际分工体系，但由于跨国公司往往倾向于自带服务，其生产性服务外化程度较低，从而严重限制了长三角的生产性服务业集聚。邓涛涛等（2017）对长三角高铁的研究发现，高铁开通初期对沿线城市服务业集聚的影响并不显著，而随着长三角高铁网络的日益完善，从2012年起高铁对长三角服务业集聚呈现出明显的促进作用，且有逐渐增强的趋势。

长三角区域存在典型的功能分工、层级分工现象。功能分工指中心城市集聚生产性服务业，而外围城市则集聚生产部门。层级分工则表现为中心城市集聚知识密集度较高、具有较强辐射力的高端生产性服务业，中小城市集聚知识密集度较低、辐射力较弱的低端生产性服务业。文献着重分析了长三角功能分工、层级分工的潜在影响：服务或生产功能专业化程度的加强，显著促进了长三角各城市的经济增长（王猛等，2015）；长三角城市的生产性服务业层级分工与制造业效率提升间存在稳定的正向关系，空间外溢效应也相当显著（宣烨、余泳泽，2014）。

除长三角外，服务业集聚研究的热点区域还有长江经济带、京津冀等。

刘军跃等（2015）的分析表明，生产性服务业在长江经济带的分布较为分散，集聚程度不高；细分行业中集聚水平较高的是金融业和交通运输、仓储、邮政业；与全国水平相比，上海、重庆的生产性服务业具有一定的专业化优势。杨仁发和张殷（2018）提出，长江经济带的服务业集聚显著提升了城市生产率，其促进作用按上游、中游、下游依次增强。张旺等（2012）分析京津冀地区的生产性服务业集聚，有以下发现：整体差异显著，呈现出以北京为单中心的非均衡模式；集聚程度较高的行业包括信息传输、计算机服务和软件业，租赁和商务服务业；城市间就生产性服务业存在专业化分工，特别是北京与其余9市之间的分工相当明显。

三、研究展望

现有文献拓展了学界对中国服务业集聚的认识，但在研究方法和视角上仍存在改进的空间。为推动中国服务业集聚研究的纵深发展，亟待从以下三个方面加以突破：

1. 集聚测量精准化

把握服务业集聚的典型特征有赖于精准的测量。当前测量服务业集聚的指标可以分为三类。第一类也是最常用的指标包括区位熵、区位基尼系数、空间集中度、赫芬达尔指数等，均不考虑企业规模分布对测量结果的影响。第二类指标引入了企业层面数据，能控制企业规模分布的作用，主要包括EG指数和MS指数（Ellison and Glaeser，1997；Maurel and Sedillot，1999）。上述两类指标的实施需要以行政单元为基础，仅能描述单一空间尺度上的服务业集聚特征（贺灿飞、潘峰华，2007）。第三类指标基于企业间的距离测量服务业集聚，如Ripley's K函数、DO指数等（Marcon and Puech，2003；Duranton and Overman，2005），可同时反映服务业在不同空间尺度的集聚程度。

严格来说，第三类指标是测量服务业集聚的理想指标。但由于该类指标对企业微观数据要求很高，仅应用于对个体城市中服务业集聚的测量，如广州零售业集聚、北京商务服务业集聚等（陈蔚珊等，2016；李佳洺等，2018）。目前，对全国或大尺度区域上服务业集聚的测量，仍然基于省、市级空间单元数据，采用第一、第二类指标进行。反观西方发达国家的同类研究，其行政单元甚至细化至邮区。两相对照，中国服务业集聚研究存在空间单元过于粗疏的问题。实际上，空间单元越小越能够反映服务业规模的异质性，对服务业集聚的测量也越精确。

因此，全国或大尺度区域上服务业集聚测量的精准化亟待推进。借助人口普查、经济普查提供的高质量数据，可以双管齐下：一方面，将集聚测量所需的行政单元下沉至县级甚至乡镇（街道）级；另一方面，在发掘企业位置信息的前提下采用第三类指标实施基于企业间距离的集聚测量。

2. 因果推断规范化

现有文献大都基于较大的数据样本，构建回归模型进行参数估计，以识别服务业集聚的成因和影响。这一思路试图实施因果推断分析，在自变量和因变量间建立起可靠的因果关系。但是，由于遗漏变量、反向因果、选择性偏误和测量误差等各类内生性问题层出不穷，损害了参数估计结果的一致性，导致回归分析通常沦为统计推断分析，仅能得到自变量和因变量之间的"相关关系"而非"因果关系"。从统计推断走向因果推断，需要借助经验研究的"可信性革命"，其关键特征是引入潜在结果框架来清晰定义因果，利用随机化实验的思想作为因果效应识别的基础（赵西亮，2017）。

严格地以因果推断标准衡量，研究中国服务业集聚的大部分回归分析难以干净地识别因果关系。少数的例外，包括有研究以地理、历史变量作为核心解释变量的工具变量（IV）（席强敏等，2016；刘杨、蔡宏波，2017；宣烨、余泳泽，2017），以及有研究采用双重差分法（DID）考察高铁开通对服务业集聚的影响（邓涛涛等，2017；宣烨等，2019）。借助IV、DID等方法构造的潜在结果框架，上述文献能较好地解决内生性问题，获得较为可信的研究结论。由此可见，方法规范化是中国服务业集聚的因果推断研究改进的方向。

3. 研究视角多样化

据前文所述，现有研究对生产性服务业集聚给予了充分的关注，可能的原因在于生产性服务业与生产部门联系较为紧密，能对经济发展产生直接的影响。相对而言，消费性服务业、公共服务业的集聚问题被忽视了。事实上，消费性服务业、公共服务业与日常生活密切相关，其集聚直接影响人民群众的福利水平，理应得到学界更多的关注。除前文提及的旅游、文化创意、基础教育等细分行业外，公共卫生、社会保障、社会组织等细分行业的集聚问题尤其值得进一步探讨。

研究视角的多样化也包括引入新方法来刻画服务业集聚现象。除前述的三类测量指标外，文献越来越多地应用探索性空间统计来分析服务业的空间相关性（吴媛媛、宋玉祥，2018），以及检验服务业的规模分布是否服从某一经验法则如 Zipf 定律等（张虎、韩爱华，2018）。后续研究中应继续尝试采用新的方法，为服务业集聚提供全方位、多视角的测量结论。

第三节　本书的结构、研究方法和创新点

一、本书的结构

对应于第一节提出的三个问题，本书将依次考察中国服务业集聚的特征、成因和影响，这构成本书的核心内容。本书其余各章安排如下：

第二、第三章实证分析中国服务业集聚的特征。第二章基于第五、第六次全国人口普查分县数据，采用区位基尼系数、区位熵指标在县级单元上测量中国服务业集聚。第三章进一步从规模分布视角出发加以测量，分别采用 Moran's I 指数、Pareto 指数衡量服务业规模分布的空间相关性以及对 Zipf 定律的偏离。上述测量除在全国层面进行，还下沉至三大地区、省

域甚至县级单元层面，充分呈现服务业集聚的区域异质性。此外，除服务业整体层面外，还注重对服务业分组（生产性服务业、消费性服务业、公共服务业）、服务业 15 个门类层面集聚程度的测量，以把握服务业集聚的行业异质性。

第四、第五章实证分析中国服务业集聚的成因。第四章提出了一个关于服务业集聚的系统性解释框架，既包含专业劳动力市场、中间投入共享、知识溢出和市场规模等经济地理因素，也涉及地方保护主义、对外开放等制度因素的作用，进而结合数据进行检验。对转型期的中国城市而言，文化产业集聚既可以有效地突破传统产业的发展瓶颈，实现产业转型升级，又能提升城市的文化品位和竞争力。第五章聚焦文化产业这一特殊的消费性服务业，探讨文化产业集聚的决定因素，识别产业结构、人力资本、产业多样化、产业专业化和产业政策等因素的影响。

第六、第七章实证分析中国服务业集聚的影响。第六章聚焦科技服务业这一特殊的生产性服务业，检验科技服务业集聚对工业效率提升的影响。中国工业长期存在粗放式发展的特征，其生产效率有待提升。而科技服务业集聚能够产生外部规模经济，有助于发挥科技服务业的科技含量高、创新资源密集、行业附加值大等优势，并推动科技研发和工业生产的结合，从而促进工业效率提升。近年来，建设服务业集聚区成为地方政府的一项重要区域政策。服务业集聚区中，影响企业发展的因素除了集聚租（外部规模经济），地方政府所提供的政策租也不容忽视。因此，第七章将基于企业问卷调查微观数据，分析外部规模经济和全球价值链对服务业企业创新的影响；进一步地，分析集聚租、政策租对服务业企业绩效的影响，并比较二者作用的相对强弱。

第八章为结语。梳理全书实证分析的结论，在此基础上提出合理引导服务业集聚并充分发挥服务业集聚积极影响的政策建议，以此推动中国服务业又好又快发展。

二、研究方法

本书大量采用描述性统计、回归分析等实证方法，重视研究方法的规范性，符合现代经济学严谨、科学的特征。

对中国服务业集聚典型特征的研究中，主要采用描述性统计方法。采用区位基尼系数、区位熵指标测量集聚，基于 Pareto 指数衡量服务业规模分布对 Zipf 定律的偏离均属于常规的描述性统计，基于全域和局域 Moran's I 指数测量服务业规模分布的空间相关性则属于探索性空间统计。此外，Pareto 指数的计算涉及简单的一元回归分析。

至于中国服务业集聚的成因和影响研究，除采用描述性统计测量各变量外，需要借助多元回归分析进行因果推断。回归模型中解释变量系数的估计，除采用普通最小二乘（OLS）、有序离散因变量（oprobit）、固定效应（FE）等常规方法外，还引入空间计量分析、门限分析分别考察空间溢出效应和非线性关系。鉴于回归模型往往存在遗漏变量、反向因果（联立性）等原因导致的内生性问题，本书尝试使用工具变量（IV）方法加以缓解。此外，在回归分析中通常采用多种样本、多种变量口径及多种估计方法，以增强回归结果的稳健性。

三、创新点

本书系统研究了特殊制度背景下的服务业集聚，为世界范围内的服务业集聚研究贡献了中国经验。从学术标准看，本书可能有以下几方面创新：

第一，从数据和方法上推进了中国服务业集聚特征的研究。对照本章第二节的研究展望，本书对中国服务业集聚的测量有两处改进：基于人口普查分县数据得以在县级单元上实施测量，解决了现有文献中空间单元过于粗疏的问题；从规模分布角度理解中国服务业集聚，探讨服务业规模分布的空间相关性及对 Zipf 定律的偏离，丰富了服务业集聚的测量方法。

第二，为中国服务业集聚的成因提供了系统性解释。提出了一个同时涵盖经济地理因素和制度因素的理论框架，系统解释中国服务业集聚的形成机制。构建了一套"省份—行业"截面数据进行实证分析，证实专业劳动力市场、知识溢出能显著促进服务业集聚，地方保护主义则阻碍了服务业集聚。

　　第三，丰富了关于中国服务业集聚影响的研究。本书提出科技服务业集聚通过外部规模经济提升工业效率的理论模型，并基于省级数据和城市数据加以实证检验。此外，本书还分析了服务业集聚区对企业发展的影响，发现外部规模经济产生了积极作用，但地方政府提供的政策租会限制外部规模经济的发挥。

第二章　服务业集聚的典型特征

第一节　引言

把握服务业集聚的特征，是探讨服务业集聚的成因和影响以及制定相关经济政策的基础，因而成为服务业集聚研究的逻辑起点。对服务业集聚的测量不可避免地涉及空间单元问题，所谓空间单元是指承载服务业规模信息的最小空间尺度。限于数据可获得性，往往以某一级行政区划作为空间单元。空间单元越小，越能够反映服务业规模的异质性，对服务业集聚的测量也越精确（贺灿飞、潘峰华，2007）。

现有文献考察发达国家服务业集聚的典型特征，所用空间单元通常为空间尺度较小的县（以下简称"县级单元"），甚至细化至空间尺度更小的TTWA、NUTS-3[①]和邮区等。Illeris 和 Sjoholt（1995）基于 20 世纪 80 年代北欧五国的县级单元数据，发现专业化的生产性服务业高度集聚在大城市，复杂程度较低的生产性服务业则有分散趋势。Braunerhjelm 和 Johansson（2003）对瑞典 70 个空间单元数据的分析显示，其服务业集聚从 1975 年至 1993 年没有显著的变动。O'Donoghue 和 Gleave（2004）在 TTWA 空间单元

[①] TTWA 是 Travel to Work Area（通勤区）的简称，为英国常用的一种地理编码标准；NUTS 是 Nomenclature of Units for Territorial Statistics（地域统计单元命名法）的简称，为欧盟使用的地理编码标准，其中 NUTS-3 的空间尺度最小。

上，研究 2000 年英国商务服务业（含会计业、广告业、计算机服务业、管理咨询服务业等）的空间分布情况，发现其主要集聚在英国东南部等地区。Desmet 和 Fafchamps（2005）则基于 1972—2000 年美国县级单元的就业数据，发现服务业逐渐向高就业区域集聚。那么，服务业和制造业的集聚程度孰高孰低？对这一问题，Brlhart 和 Traeger（2005）基于 1975—2000 年西欧的 NUTS-3 空间单元数据，发现服务业的集聚程度要低于制造业。Braunerhjelm 和 Johansson（2003）也指出，瑞典超过半数的制造业 EG 指数大于 0.05，而服务业 EG 指数的中位数仅为 0.01，服务业的集聚程度远低于制造业。类似地，Kolko（2010）利用 2004 年美国县、邮区等多种空间单元数据，发现服务业较制造业有"更高的城市化却更低的集聚化"。由此可见，Krugman（1991b）认为服务业比制造业更加集聚的理论判断，并未完全得到实证研究的支持。

与此不同的是，研究中国服务业集聚典型特征的现有文献，通常在市级空间单元上进行，有的甚至以地区或省作为空间单元。一方面，基于市级空间单元的研究中，胡霞（2008）发现，1997—2005 年服务业集聚程度高于工业，并且集聚程度存在行业差异：商业化程度高的行业集聚态势明显，而公益性行业的集聚程度较低；陈建军等（2009）也认为，生产性服务业的集聚程度较高，而消费性服务业、公共服务业的集聚程度较低；类似地，李善同和李华香（2014）的分析表明，2002—2010 年生产性服务业集聚程度最高，消费性服务业的集聚程度略低，而公共服务业呈现更加均等化的分布趋势；陈红霞和李国平（2016）指出，2003—2013 年北京、江苏和广东成为生产性服务业最集中的地区，重庆、四川生产性服务业集聚度提升，而其他先前集聚度较高的地区多数有所下降。陶金和罗守贵（2019）发现，2013 年东部地区的文化产业集聚程度显著高于中西部地区。

另一方面，基于地区或省级空间单元的研究中，程大中和黄雯（2005）利用 1990—2002 年的数据发现服务业整体相对集中于东部地区，且服务业整体的集聚程度缓慢提升；张清正和李国平（2015）发现，中国大部分地区科技服务业集聚水平较低，且东部、中部地区科技服务业的集聚水平高于东北、西北和西南地区。毕斗斗等（2015）分析表明，生产性服务业在2004—2010 年的规模分布，呈现出东部沿海、中部、西部地区逐渐降低的"中心—外围"空间结构。盛龙和陆根尧（2013）指出，2003—2010 年生产性服务业有较高的集聚程度与较强的集聚趋势，并呈现出从东北、中西部地区向东部沿海地区集聚的态势。霍鹏等（2018）的测量结果表明，2005—2015 年知识密集型服务业的集聚程度较高且呈现出逐年增长的态势。廖晓东等（2018）基于 1997—2013 年省际数据，认为中国科技服务业集聚程度不断提升且东部集聚水平远高于西部。

不难发现，关于中国服务业集聚典型特征的上述文献存在着空间单元过于粗疏的问题，这从根本上影响了研究结论的可信度，亟待在更小的空间单元上展开研究。本章最大的边际贡献是首次在县级单元上测量中国服务业集聚的典型特征。利用全国人口普查提供的县级单元就业数据，得以更加准确地实施测量，为服务业集聚的成因、影响及政策等相关后续研究提供了良好的基础。此外，本章另一个边际贡献是充分考虑了区域异质性、行业异质性，涵盖全国、三大地区、省域、县级单元等不同区域层面，以及服务业整体、服务业分组（生产性服务业、消费性服务业、公共服务业）、服务业门类等不同行业层面，并注重与非服务业进行对比分析。

第二节 研究设计

一、测量指标

1. 区位基尼系数

作为基尼系数在区域分析中的应用，区位基尼系数因其计算简单、对应的洛伦兹曲线直观而成为最常用的产业集聚指标（戴平生，2015）。县级单元上服务业的区位基尼系数计算公式为：

$$G = \frac{1}{2n^2\mu} \sum_{i=1}^{n} \sum_{j=1}^{n} |y_i - y_j| \tag{2-1}$$

式（2-1）中，G 为区位基尼系数，其取值范围为 $0 \leqslant G \leqslant 1$，且值越大表明服务业集聚程度越高。$y_i$ 和 y_j 分别表示第 i、第 j 个县级单元的服务业规模（通常为就业人数、产值或增加值）占所有县级单元总服务业规模的份额（$i, j = 1, 2, \cdots, n$），μ 为各县级单元服务业份额的均值。

如果对 y_i 按从小到大的顺序排列，可以得到式（2-1）的简化形式：

$$G = \sum_{i=1}^{n} y_i \frac{2i - (n+1)}{n} \tag{2-2}$$

区位基尼系数可以方便地进行区域分解（组群分解）。设 n 个县级单元被划入 r 个子区域，满足 $n_1 + n_2 + \cdots + n_r = n$，记 $N = \{1, 2, \cdots, n\}$，N_k 为 N 的 r 个真子集（$k = 1, 2, \cdots, r$），此时式（2-1）的区域分解表述为：

$$G = \sum_{k=1}^{r} t_k G_k + \sum_{k=1}^{r} \sum_{i \in N_k} y_i (w_i - w_i^k) , \quad t_k = \sum_{i \in N_k} y_i \tag{2-3}$$

式（2-3）中，t_k 表示子区域 k 中服务业的总份额，G_k 是对应于第 k 个子区域的区位基尼系数，w^k 是对应于第 k 个子县级单元的组合系数。w^k 与总体的组合系数 w 完全不同，要对子区域 k 内部服务业份额重新排序计算。式（2-3）将区位基尼系数拆分为两大部分，第一部分为全体服务业份额在子区域的内部差异（组内差异），第二部分是各子区域因排序变化产生的外部差异（组间差异）。

2. 区位熵

对于某一县级单元上服务业的集聚程度，本章采用区位熵加以测量。区位熵又称为地方专业化指数，有助于识别县级单元的专业化优势，其计算公式为：

$$LQ = \frac{y_{ik} \Big/ \sum_{k=1}^{m} y_{ik}}{\sum_{i=1}^{n} y_{ik} \Big/ \sum_{i=1}^{n} \sum_{k=1}^{m} y_{ik}} \tag{2-4}$$

式（2-4）中，LQ 为区位熵，取值范围为 $LQ \geqslant 0$，当 LQ 大于 1 时意味着服务业在某一县级单元有较高的集聚程度，且值越大表明集聚程度越高。y_{ik} 表示第 i 个县级单元上第 k 个产业的规模（$i = 1, 2, \cdots, n$；$k = 1, 2, \cdots, m$）。

二、数据来源

区位基尼系数、区位熵指标中涉及的服务业规模一律用就业人数表示，数据取自第五、第六次全国人口普查分县资料。2000 年、2010 年进行的这两次全国人口普查，为全面、准确地统计中国服务业就业提供了权威、翔实的数据，使本章能够在县级单元①上测量服务业集聚。同时，与以往省、市级空间单元上的研究利用户籍人口口径的就业数据不同，全国人口普查的就业数据为常住人口口径，相对更为准确。

考虑到服务业各细分行业间差异较大，这里将 15 个服务业门类划分为三组：一是主要由私人部门供给、作为中间产品的生产性服务业，包括交通运输、仓储和邮政业，信息传输、计算机服务和软件业，金融业，租赁和商务服务业，科学研究、技术服务和地质勘查业 5 个门类；二是主要由私人部门供给、直接用于消费的消费性服务业，包括批发和零售业，住宿和餐饮业，房地产业，居民服务和其他服务业，文化、体育和娱乐业 5 个门类；三是主要由政府部门供给的公共服务业，包括水利、环境和公共设施管理业，教育，卫生、社会保障和社会福利业，公共管理和社会组织，国际组织 5 个门类。

中国东部、中部、西部地区发展水平差异较大，有必要对不同地区的服务业集聚水平进行比较。参照统计部门的做法，将县级单元划分至东部、中部、西部三大地区：东部地区包括北京、天津、河北、辽宁、上海、江苏、浙江、福建、山东、广东和海南 11 个省份；西部地区包括内

---

① 县级单元包括地级市的市辖区、县级市、县、自治县、旗等各类县级行政区。全国人口普查分县资料所记录的县级单元，在 2000 年为 2873 个，在 2010 年则为 2872 个。

蒙古、广西、重庆、四川、贵州、云南、西藏、陕西、甘肃、青海、宁夏、新疆12个省份；其余8个省份划入中部地区。2010年，东部、中部、西部分别有县级单元891个、899个、1082个。

基于常住人口口径统计的就业数据，可以准确测量县级单元上服务业的规模。2010年全国服务业就业为1967.8万人（10%抽样结果，下同），平均每个县级单元服务业就业为6852人，服务业就业最多的县级单元为上海浦东新区（15.4万人），最少的县级单元为南沙群岛（0人）。将数据按"组—地区"维度加总，有助于把握服务业规模的分组和分地区差异（见表2-1）。分组来看，消费性服务业就业为1080.4万人，是服务业的主要组成部分，比重高达55%；生产性服务业、公共服务业规模则较为接近，就业分别为428.6万人、458.9万人，比重分别为21.8%、23.3%。分地区来看，东部地区服务业就业为968.9万人，比重为49.2%，约等于中部、西部之和；中部、西部的服务业就业分别为537.3万人、461.6万人，比重分别为27.3%、23.5%。

表2-1　服务业规模的分组和分地区差异　　　　单位：万人

	生产性服务业	消费性服务业	公共服务业	服务业整体
东部	219.3	545.9	203.7	968.9
中部	115.6	286.7	135.0	537.3
西部	93.6	247.7	120.2	461.6
全国合计	428.6	1080.4	458.9	1967.8

资料来源：笔者基于人口普查数据计算。

第三节 全国层面特征

一、基本结果

根据式（2-1），计算全国层面上服务业的区位基尼系数，结果如图 2-1 所示。为便于比较，将区位基尼系数大于 0.4 的情况称为集聚，大于 0.6 的情况则称为高度集聚（戴平生，2015）。依据这一标准，服务业整体的区位基尼系数为 0.517，集聚程度适中。生产性服务业、消费性服务业、公共服务业的区位基尼系数分别为 0.554、0.549、0.445，三组服务业都是集聚分布的，但集聚程度依次下降。所有服务业门类的区位基尼系数均大于 0.4，有的门类的区位基尼系数甚至大于 0.6，这说明在县级单元上，所有服务业门类都是集聚分布的，且有部分门类属于高度集聚。

生产性服务业有 4 个门类高度集聚：科学研究、技术服务和地质勘查业的区位基尼系数高达 0.805；租赁和商务服务业，信息传输、计算机服务和软件业与金融业的集聚程度也较高，区位基尼系数分别为 0.733、0.666、0.629。反观交通运输、仓储和邮政业，其区位基尼系数为 0.493，集聚程度相对较低。生产性服务业主要为制造业等生产活动提供中间投入品，一般随其下游产业集中布局；另外，除交通运输、仓储和邮政业以外，生产性服务业大都是知识密集型产业，需要集聚于人力资本雄厚的高等级区域以获得知识溢出。这些原因决定了生产性服务业的集聚程度较高。

消费性服务业中，批发和零售业、住宿和餐饮业、居民服务和其他服务业的区位基尼系数分别为 0.560、0.518、0.525，集聚程度相对不高。这些消费性服务业门类具有追随人口和终端市场布局的特性，加之进入门槛较低，即使在人口密度较小的乡村也有获利的空间，因此其集聚程度远低于生产性服务业。房地产业，文化、体育和娱乐业的区位基尼系数分别为 0.779、0.674，属于高度集聚门类，这两类消费性服务业往往布局在城市（尤其是大城市）而不是乡村，因此集聚程度相对较高。

公共服务业有 2 个门类高度集聚，其中，国际组织的区位基尼系数高达 0.971，是集聚程度最高的服务业门类，而水利、环境和公共设施管理业的区位基尼系数为 0.604。其余的 3 个门类中，公共管理和社会组织，教育，卫生、社会保障和社会福利业的区位基尼系数分别为 0.440、0.445、0.486，在所有门类中最小。可以说，除去国际组织这一性质特殊、规模极小的门类，公共服务业的整体集聚水平并不高。公共服务业体现了政府的权力和责任，实现对绝大多数人口的覆盖是基本的布局原则，尤其在教育、医疗、社会保障等基本公共服务上应实现均等化，因此其集聚程度相对较低。

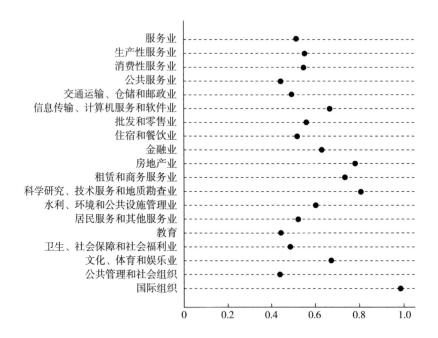

图 2-1　全国层面上服务业的区位基尼系数

资料来源：笔者绘制。

二、与省级、市级单元的比较

上述测量在县级单元上进行。如果在省级、市级等较大的空间单元上测量服务业集聚，结果有何不同？为此，基于省级、市级单元数据，分别计算各服务业门类的区位基尼系数，结果如图2-2所示。

仅从相关性看，省级、市级单元上区位基尼系数的相关系数高达0.99，而省级、县级单元上区位基尼系数的相关系数也达到0.88，说明基于不同空间单元计算的区位基尼系数有高度的一致性。但是，图2-2也显示，对于任一服务业门类，省级单元上区位基尼系数要小于市级单元上的区位基尼系数，而市级单元上的区位基尼系数则小于县级单元上的区位基尼系数。

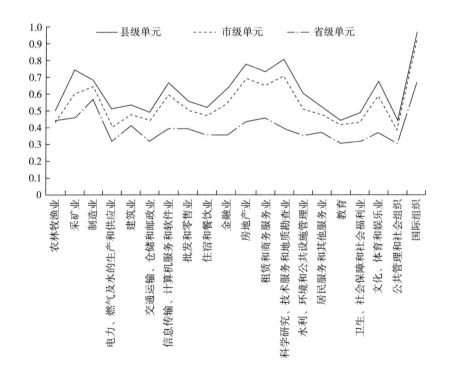

图2-2 全国层面各产业的区位基尼系数

资料来源：笔者根据第六次人口普查数据计算并绘制。

这种差异会直接影响我们对服务业集聚程度的判断。例如，金融业在省级、市级、县级单元上的区位基尼系数分别为 0.356、0.539、0.629，对应着非集聚、集聚和高度集聚 3 种状态。可见，空间单元划分越细致，计算的区位基尼系数越大，服务业的集聚程度也越高。这是因为相较于省与省之间、市与市之间服务业集聚的差异，县与县之间的差异更大，县级单元上区位基尼系数所测量的服务业集聚程度更加准确和深刻。

三、与非服务业的比较

相对于非服务业，服务业各门类的集聚程度更高还是更低？为此，也计算了其他 5 个非服务业门类的区位基尼系数，如图 2-2 所示。农林牧渔业，电力、燃气及水的生产和供应业，建筑业的区位基尼系数大于 0.4 但小于 0.6，分别为 0.499、0.513、0.535，表明这 3 个产业也存在集聚现象，但程度不高；采矿业、制造业的区位基尼系数分别为 0.744、0.683，则属典型的高度集聚产业。不难发现，除去国际组织这一特殊门类不论，仍有 3 个服务业门类的集聚程度高于制造业：科学研究、技术服务和地质勘查业（0.805），房地产业（0.779），租赁和商务服务业（0.733）的集聚程度分别比制造业高 18%、14%、7%，前两者的集聚程度甚至高于采矿业。据此可以认为，Krugman（1991b）、胡霞（2008）关于服务业比制造业更加集聚的理论判断，并未完全得到实证研究的支持，但部分服务业门类的集聚程度要高于非服务业；特别是部分生产性服务业、消费性服务业的集聚程度高于制造业。笼统地认为中国服务业的集聚程度高于或低于制造业，是缺乏依据的。

有必要指出，部分服务业门类的集聚程度高于制造业，这一结论也得到了市级单元上的区位基尼系数的支持，但省级单元上的区位基尼系数则显示除国际组织以外的所有服务业门类集聚程度均低于制造业。基于不同空间单元得到的测量结果迥异，再次说明在更小空间单元上测量服务业集聚的必要性。

四、服务业集聚的变动趋势

除了静态特征,服务业集聚在近年来的变动趋势也值得关注。为此,这里基于第五、第六次全国人口普查分县数据,比较 2000 年、2010 年服务业集聚程度的差异。第五、第六次全国人口普查的就业统计分别依据《国民经济行业分类》(GB/T4754-94)、《国民经济行业分类》(GB/T4754-2002)进行,服务业门类的统计口径前后变化较大,数据可比性较差。针对这一问题,依据最底层的四位数行业在不同统计口径中的归属,对 2000年、2010 年的服务业两位数行业进行匹配,以尽可能地实现数据统计口径的一致性,① 然后计算服务业两位数行业在不同年份的区位基尼系数,结果如表 2-2 所示。

表 2-2   全国层面两位数行业的区位基尼系数

两位数行业	2000 年	2010 年	增幅(%)
#生产性服务业			
铁路运输业	0.3773	0.3723	-1.33
道路运输业(公路运输业)	0.3605	0.3626	0.58
水上运输业	0.6827	0.6381	-6.53
航空运输业	0.4904	0.4792	-2.28
管道运输业	0.6451	0.4576	-29.07
仓储业	0.4141	0.4060	-1.96
邮政业,电信和其他信息传输服务业(邮电通信业)	0.3272	0.3480	6.36
计算机服务业,软件业(计算机应用服务业)	0.5783	0.5153	-10.89
银行业,证券业,其他金融活动(金融业)	0.3315	0.3503	5.67

---

① 由于县级单元上服务业两位数行业的就业数据未报告,此处使用省级单元数据予以替代。根据前文所述,省级单元、县级单元上的区位基尼系数高度相关,因此可利用省级单元的区位基尼系数判断服务业集聚的时变特征。

续表

两位数行业	2000 年	2010 年	增幅（%）
保险业	0.3749	0.3745	-0.11
租赁业（租赁服务业）	0.3749	0.4473	19.31
商务服务业（信息、咨询服务业，旅游业，其他社会服务业）	0.4020	0.4617	14.85
研究与试验发展（科学研究业）	0.4691	0.4965	5.84
专业技术服务业，科技交流和推广服务业（综合技术服务业）	0.3356	0.4227	25.95
地质勘查业	0.3234	0.3146	-2.72
#消费性服务业			
批发业（食品、饮料、烟草和家庭用品批发业，能源、材料和机械电子设备批发业，其他批发业，商业经纪与代理业）	0.3846	0.4334	12.69
零售业	0.3739	0.3855	3.10
住宿业（旅馆业）	0.3529	0.3741	6.01
餐饮业	0.3649	0.3603	-1.26
房地产业（房地产开发与经营业，房地产管理业，房地产代理与经纪业）	0.4824	0.4351	-9.81
居民服务业	0.3900	0.3879	-0.54
新闻出版业，文化艺术业（文化艺术业）	0.3300	0.3652	10.67
广播、电视、电影和音像业（广播电影电视业）	0.3137	0.3489	11.22
体育	0.4049	0.3622	-10.55
娱乐业（娱乐服务业）	0.4384	0.4360	-0.55
#公共服务业			
水利管理业	0.3676	0.3130	-14.85
城市公共交通业，环境管理业，公共设施管理业（公共服务业）	0.3666	0.3459	-5.65
教育	0.3129	0.3037	-2.94
卫生	0.3245	0.3219	-0.80

两位数行业	2000 年	2010 年	增幅（%）
社会福利业，社会保障业（社会福利保障业）	0.3588	0.3551	-1.03
中国共产党机关，人民政协和民主党派（政党机关）	0.3561	0.3158	-11.32
国家机构（国家机关）	0.3198	0.3024	-5.44
群众团体、社会团体和宗教组织（社会团体）	0.2585	0.3209	24.14
基层群众自治组织	0.5321	0.4303	-19.13

注：本表"两位数行业"列中，括号外为 2010 年行业口径，括号内为 2000 年行业口径。

资料来源：笔者基于第五、第六次人口普查数据计算并绘制。

观察表 2-2 发现，生产性服务业不同行业的集聚趋势不同。15 个两位数行业中，有 6 个行业的集聚程度提高，包括邮电通信业、金融业、租赁业、商务服务业、科学研究业和综合技术服务业，其中，增幅最大的行业是综合技术服务业（25.95%）；其余 9 个行业的集聚程度有所下降，其中既包括传统的交通运输行业，也包括计算机应用服务业等高技术行业，降幅最大的行业是管道运输业（-29.07%）。

消费性服务业的集聚趋势与生产性服务业类似，也存在行业差异。10 个两位数行业中，批发业、零售业、住宿业、文化艺术业和广播电影电视业的集聚程度有所上升，增幅最大的行业为批发业（12.69%），而餐饮业、房地产业、居民服务业、体育和娱乐业的集聚程度下降，降幅最大的行业为体育（-10.55%）。

公共服务业的集聚程度明显下降。9 个两位数行业中，除社会团体集聚程度加强外，其余 8 个行业均存在分散趋势，其中基层群众自治组织的降幅最大（-19.13%）。总而言之，从 2000 年至 2010 年，生产性服务业、消费性服务业的集聚程度有增有减，公共服务业的集聚程度存在减弱趋势。

第四节 三大地区和省域层面的特征

一、三大地区层面的特征

计算三大地区层面上服务业的区位基尼系数，结果如图 2-3 所示。从服务业整体来看，西部的服务业集聚程度最高，区位基尼系数达 0.550；中部的服务业集聚程度最低，区位基尼系数仅为 0.399；东部的服务业集聚程度则介于中间水平，区位基尼系数为 0.483。类似的集聚特征，也存在于生产性服务业、消费性服务业、公共服务业三组服务业中。

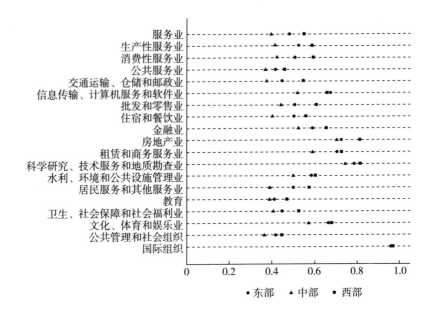

图 2-3 三大地区层面上服务业的区位基尼系数

资料来源：笔者绘制。

从服务业门类看，信息传输、计算机服务和软件业的集聚程度在东部最高，西部次之，中部最低；国际组织的集聚程度在西部最高，东部次之，中部最低。其余的 13 个服务业门类则表现出高度的规律性：集聚程度由高到低排列，依次是西部、东部和中部。例如，租赁和商务服务业的区位基尼系数在西部为 0.728，在东部为 0.706，在中部则进一步降低为 0.591。

那么，服务业规模分布的差异主要是三大地区内的差异引起，还是由三大地区间的差异所导致？根据式（2-3），将全国层面的服务业区位基尼系数按三大地区进行分解，可拆分为两部分：一是三大地区的区位基尼系数的加权平均数，反映服务业规模分布在地区内部的差异即组内差异，权重为各地区的服务业份额；二是三大地区之间因服务业份额排序变化所产生的外部差异，即组间差异。从分解结果看，所有服务业门类的组内差异的比重均大于 90%，说明三大地区内的差异对服务业规模分布的差异贡献较大，三大地区间的差异贡献相对较小。

二、省域层面的特征

进一步计算省域层面上服务业的区位基尼系数，图 2-4 报告了计算结果。各省（包括自治区、直辖市，下同）点状图纵轴的产业名称与全国、三大地区点状图相同，为简化起见不予显示（下同）。观察图 2-4，有以下发现：

第一，与全国层面相比，服务业在省域层面的平均集聚程度有所降低，部分服务业门类甚至呈非集聚状态，例如，各省教育、公共管理和社会组织的区位基尼系数平均值分别为 0.394、0.382，均低于 0.4 的集聚临界值。这是因为，一省内部各县级单元的差异通常小于全国层面上各县级单元的差异，导致省域层面上服务业的规模分布相对均匀，区位基尼系数较小。

第二，国际组织，科学研究、技术服务和地质勘查业，房地产业，租赁和商务服务业等服务业门类在大部分省域的集聚程度虽然低于全国层面，但仍属于高度集聚，其平均区位基尼系数分别为 0.920、0.732、0.697、0.620。

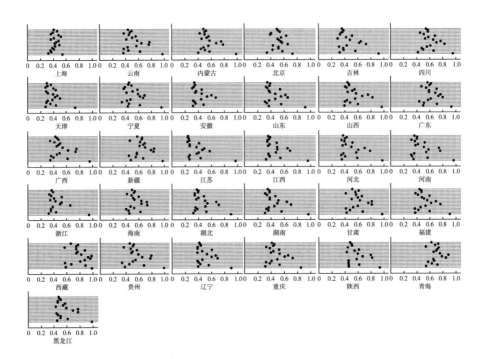

图 2-4　省域层面上服务业的区位基尼系数

资料来源：笔者绘制。

第三，省域层面的服务业集聚程度存在明显的两极分化。服务业在发达省份的集聚程度一般较低，例如，各服务业门类的平均区位基尼系数在上海、江苏、天津分别为 0.427、0.408、0.398；而在欠发达省份的服务业集聚程度往往较高，例如，各服务业门类的平均区位基尼系数在西藏、青海、新疆分别高达 0.815、0.699、0.665。可能的解释是，发达省份的县级单元经济发展水平大都较高，因此生产性服务业在多数县级单元均有布局，导致区位基尼系数较低；而欠发达省份因自然环境恶劣，宜居、宜业的县级单元较少，服务业主要布局在城市（尤其是省会城市）的市辖区，导致区位基尼系数较高。

与三大地区层面的处理类似，根据式（2-3），将全国层面的服务业区位基尼系数按 31 个省份进行分解：一是省域的区位基尼系数的加权平均数，反映服务业的产业份额在各省内部的分布差异即组内差异，权重为各省的产业份额；二是省域间因为产业份额排序变化所产生的外部差异，即组间差异。经计算，所有服务业门类的组内差异的比重都在 80% 左右。其中，科学研究、技术服务和地质勘查业的组内差异比重最高，为 86.7%；租赁和商务服务业的组内差异比重最低，也达到 79.1%。这表明，服务业规模分布的差异主要由省域内部的规模分布差异所引起，省域间规模分布差异的贡献较小。

第五节 县级单元的特征

一、服务业整体的集聚

采用式（2-4）的区位熵指标，测量县级单元上服务业整体的集聚，服务业整体在县级单元上的集聚存在明显的差异性。例如，区位熵最小的县级单元为和田县（0.06），区位熵最大的县级单元为泽库县（3.52），后者约为前者的 59 倍。

区位熵小于 1 的县级单元有 1861 个，占全部县级单元的比重为 64.9%。可见达到集聚状态的县级单元相对较少，大部分县级单元未呈现集聚状态。在未呈现集聚状态的县级单元中，区位熵小于 0.5 的县级单元多达 554 个，且较多地分布在中西部省份，尤其是新疆、西藏、四川、甘肃、广西、贵州等。中西部省份的县级单元多处于工业化中期，服务业整体规模较小且发展缓慢，产业结构服务化程度较低。

区位熵大于 1 的县级单元有 1009 个，占比为 35.1%。为便于比较，将区位熵大于 10 称为"超高度集聚"，区位熵大于 3 且小于等于 10 称为"高度集聚"，区位熵大于 1 且小于等于 3 则称为"一般集聚"。在服务业整体层面，不存在超高度集聚的县级单元。

服务业整体高度集聚的县级单元有 16 个，主要分布在东部，尤其是在北京、上海这两个最大的城市，而中西部地区也出现了少数高度集聚的县级单元。有 11 个县级单元分布在东部，包括北京的西城区（3.24）、东城区（3.15）、宣武区（3.13）、崇文区（3.11）[1]、海淀区（3.11），上海的黄浦区（3.05）、静安区（3.04）、卢湾区（3.00），广州的越秀区（3.17），福州的鼓楼区（3.03）和南京的鼓楼区（3.02）；中部的 2 个县级单元为长沙的芙蓉区（3.03）、郑州的金水区（3.02）；西部的 3 个县级单元为黄南藏族自治州的泽库县（3.52）、重庆的渝中区（3.04）和西安的碑林区（3.01）。

服务业整体呈一般集聚的县级单元有 992 个。其中，东部地区有 419 个，占比高达 42.2%。一般集聚的县级单元数量最多的东部省份为江苏和辽宁，分别有 77 个和 59 个。中部地区一般集聚的县级单元数量有 321 个，占比为 32.4%。黑龙江是拥有一般集聚的县级单元数量最多的中部省份，有 72 个。西部地区有 252 个，占比仅为 25.4%，内蒙古拥有 58 个一般集聚的县级单元，是数量最多的西部省份。

二、服务业分组的集聚

1. 生产性服务业

测量服务业分组层面上各县级单元的集聚情况。生产性服务业区位熵小于 1 的县级单元数有 1883 个，占全部县级单元的比重为 65.5%，这一比例与服务业整体较为接近。其中，区位熵小于 0.1 的县级单元多达 40 个，

---

[1] 北京的宣武区、崇文区于 2010 年 7 月分别划入西城区、东城区。但 2010 年第六次全国人口普查数据中仍采用旧称，西城区和宣武区、东城区和崇文区各自统计。

可见少数县级单元的生产性服务业极度缺乏。

生产性服务业区位熵大于 1 的县级单元有 989 个，占比为 34.5%。其中，一般集聚的县级单元有 890 个，东部、中部、西部分别有 361 个、320 个、209 个。一般集聚的县级单元最多的东部省份是辽宁和江苏，分别有 55 个和 53 个。黑龙江和山西是拥有一般集聚的县级单元最多的中部省份，分别有 67 个和 62 个。一般集聚的县级单元最多的西部省份是内蒙古和四川，分别有 56 个和 32 个。

生产性服务业高度集聚的县级单元有 99 个，其中东部、中部、西部分别有 59 个、25 个、15 个。东部的上海和北京拥有高度集聚的县级单元最多，分别有 11 个和 10 个。中部省份中，黑龙江有 10 个高度集聚的县级单元，数量最多。高度集聚的县级单元最多的西部省份是内蒙古，有 5 个。生产性服务业没有超高度集聚的县级单元。

2. 消费性服务业

消费性服务业方面，区位熵小于 1 的县级单元有 1894 个，占比为 65.9%。区位熵大于 1 的县级单元则有 978 个，占比为 34.1%。其中一般集聚的县级单元多达 954 个，主要集中在东部，达 476 个，中部、西部则各有 292 个、186 个。一般集聚的县级单元最多的东部省份是江苏和浙江，分别有 87 个和 67 个。一般集聚的县级单元最多的中部省份是黑龙江，有 55 个。一般集聚的县级单元最多的西部省份仍为内蒙古和四川，分别有 45 个和 35 个。

高度集聚的县级单元有 24 个，东部、中部、西部分别有 9 个、7 个、8 个。广东有 5 个高度集聚的县级单元，为东部最多。黑龙江是中部地区高度集聚的县级单元最多的省份，有 10 个。四川仅有 3 个高度集聚的县级单元，却是拥有高度集聚的县级单元最多的西部省份。消费性服务业没有超高度集聚的县级单元。

3. 公共服务业

公共服务业区位熵小于 1 的县级单元有 1640 个，占全部县级单元的比重为 57.1%。这一数值低于生产性服务业和消费性服务业，表明公共服务业有明显的均等化分布特征。

公共服务业呈集聚状态的县级单元有 1232 个，占比为 42.9%，是三组服务业中数量最多的一个。其中一般集聚的县级单元有 1151 个。东部地区有 424 个，数量最多，中部、西部则分别有 368 个、359 个。一般集聚的县级单元最多的东部省份为广东和辽宁，分别有 58 个和 52 个。一般集聚的县级单元最多的中部省份是山西和黑龙江，数量分别为 82 个和 60 个。西部一般集聚的县级单元最多的省份是内蒙古和新疆，分别有 71 个和 64 个。

公共服务业高度集聚的县级单元有 80 个，东部、中部、西部分别有 27 个、31 个、22 个。河北拥有 8 个高度集聚的县级单元，数量为东部最多。高度集聚的县级单元最多的中部、西部省份是黑龙江、四川，分别有 12 个、3 个。公共服务业超高度集聚的县级单元有 1 个，是位于青海的泽库县（14.17）。

三、服务业门类的集聚

1. 集聚的县级单元较多的服务业门类

这里统计了服务业门类区位熵大于 1 的县级单元个数，结果如图 2-5 所示。集聚的县级单元较多的服务业门类为交通运输、仓储和邮政业，居民服务和其他服务业，住宿和餐饮业，公共管理和社会组织，教育。上述 5 个门类中，集聚的县级单元数均超过 1000 个。例如，公共管理和社会组织集聚的县级单元有 1169 个，住宿和餐饮业集聚的县级单元也多达 1157 个。

上述统计表明，这 5 个服务业门类的集聚程度不够高。交通运输、仓储和邮政业为技术壁垒较低的生产性服务业，居民服务和其他服务业、住宿和餐饮业为满足基本生活需求的消费性服务业，公共管理和社会组织、教育则属于要求均等化供给的公共服务业，均明显具有分散布局的行业特征。

2. 集聚的县级单元较少的服务业门类

图 2-5 显示，信息传输、计算机服务和软件业，租赁和商务服务业，科学研究、技术服务和地质勘查业，金融业和房地产业这 5 个服务业门类集

聚的县级单元较少，集聚的县级单元数均未超过 800 个，但高度集聚或超高
度集聚的县级单元数量和比重较大。

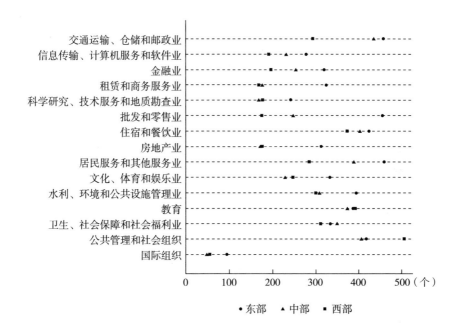

图 2-5 集聚的县级单元数量

资料来源：笔者绘制。

例如，科学研究、技术服务和地质勘查业呈现集聚的县级单元仅有 587
个，其中，高度集聚或超高度集聚的县级单元共有 228 个，占比为 38.8%；
17 个超高度集聚的县级单元主要分布在北京、杭州、南京、武汉和西安等
高校或科研院所林立的城市。又如，金融业集聚的县级单元有 772 个，其
中，高度集聚或超高度集聚的县级单元有 210 个，占比达 27.2%。再如，信
息传输、计算机服务和软件业集聚的县级单元有 701 个，其中，高度集聚或
超高度集聚的县级单元 147 个，占比为 20.9%，这些县级单元多分布于行政
等级高、经济发达的城市，拥有良好的投资环境、较为丰富的人力资本和
技术资源。3 个信息传输、计算机服务和软件业超高度集聚的县级单元分别

是北京的海淀区（12.23）、昌平区（11.46）以及杭州的滨江区（11.93），均表现出很强的专业化优势。

以上5个服务业门类的集聚程度相对较高。除房地产业为消费性服务业外，其余4个门类均属于资本或技术壁垒较高的生产性服务业，对专业劳动力市场、中间投入共享、知识溢出等外部规模经济存在较大的需求，因此倾向于空间上的集中布局。

3. 超高度集聚的县级单元较多的服务业门类

水利、环境和公共设施管理业，文化、体育和娱乐业，租赁和商务服务业，科学研究、技术服务和地质勘查业，国际组织这5个服务业门类集聚的县级单元数量参差不齐，但无一例外地存在较多的超高度集聚县级单元。

最典型的是国际组织。这一性质特殊、规模极小的门类，一般分布在政治中心或经济中心城市，也可能出于国际援助等原因位于偏远地区。其超高度集聚的县级单元多达54个，其中，名列前茅的既包括超大城市的市辖区，如北京的朝阳区（66.23）、东城区（62.82），上海的静安区（107.03）、卢湾区（50.39）等，也包括西部民族地区的县级单元，如阿坝藏族羌族自治州下辖的茂县（112.52），以及新疆的塔什库尔干塔吉克自治县（76.23）等。

此外，水利、环境和公共设施管理业超高度集聚的县级单元有9个，其中东部2个为北京的延庆县[1]（22.32）、盘锦的双台子区（10.84），中部5个包括张家界的武陵源区（16.66）等，西部2个为甘孜藏族自治州的乡城县（13.03）以及克拉玛依的乌尔禾区（10.25）。该服务业门类对县级单元的自然资源、生态环境都有特殊要求，因此分布较为集中。文化、体育和娱乐业呈现超高度集聚的县级单元有5个，分别为北京的东城区（12.25）、崇文区（11.72）、西城区（10.98）、宣武区（10.81），以及长沙的开福区（10.23）。[2]北京作为全国的文化中心，在文化、体育和娱乐业方面，有其

---

① 北京的延庆县于2015年11月，经中华人民共和国国务院批准，撤销延庆县，设立延庆区。但2010年第六次全国人口普查数据中仍采用旧称。

② 北京的宣武区、崇文区于2010年7月分别划入西城区、东城区。但2010年第六次全国人口普查数据中仍采用旧称，西城区和宣武区、东城区和崇文区各自统计。

他城市难以企及的专业化优势。

4. 主要集聚在东部的服务业门类

对批发和零售业、租赁和商务服务业、房地产业、国际组织这 4 个服务业门类而言，集聚的县级单元中，东部地区数量远多于中部和西部地区，占比均超过 45%。东部占比最高的门类是批发和零售业，其 880 个集聚的县级单元中有 457 个位于东部，比重高达 51.9%。租赁和商务服务业中集聚的县级单元有 671 个，其中东部地区有 326 个，占比为 48.6%。这 4 个门类中，东部占比最低的门类为房地产业，其 662 个集聚的县级单元中有 314 个位于东部，比重亦高达 47.4%。东部地区县级单元在经济水平、人口规模方面的优势推动了以上服务业门类的迅猛发展。

上述统计突出反映了服务业集聚在三大地区间的结构性差异。东部地区作为中国经济发展水平最高、人口规模最大的地区，在吸引服务业集聚方面较中部、西部存在一定的优势。

第六节　小结

本章基于第五、第六次全国人口普查分县数据，在县级单元上测量中国服务业集聚程度。采用区位基尼系数、区位熵指标测量 2010 年中国服务业集聚程度，主要结论如下：

首先，全国层面上，服务业整体的区位基尼系数为 0.517，集聚程度适中；分组来看，程度由高到低依次是生产性服务业、消费性服务业和公共服务业；所有的服务业门类均表现出集聚性，部分门类的集聚程度高于制造业；与 2000 年相比，生产性服务业、消费性服务业的集聚程度有增有减，而公共服务业的集聚程度存在减弱趋势。

其次，三大地区层面上，服务业集聚表现出高度的规律性。服务业整体的集聚程度按西部（0.550）、东部（0.483）、中部（0.399）依次递减，类似特点也存在于三组服务业及大多数的服务业门类中；服务业的分布差异主要由东部、中部、西部内部的分布差异所引起。

再次，省域层面上，服务业整体的平均集聚程度低于全国层面，且发达省份的集聚程度通常低于欠发达省份；部分服务业门类甚至呈非集聚状态，但仍有门类属于高度集聚；服务业的分布差异主要由省域内部的分布差异所引起。

最后，县级单元上，服务业整体呈集聚状态的县级单元有 1009 个，占比为 35.1%，但高度集聚的县级单元仅有 16 个，且不存在超高度集聚的县级单元；公共服务业呈集聚状态的县级单元数量明显多于生产性服务业、消费性服务业，表现出较强的均等化分布特征；15 个服务业门类的集聚表现出较强的异质性。

第三章 规模分布视角的服务业集聚

第一节 引言

　　除传统的区位基尼系数、区位熵等方法外，我们可以寻求其他视角来测量中国服务业集聚。例如，有文献研究生产性服务业规模的空间相关性，或考察生产性服务业的规模分布是否服从 Zipf 定律（毕斗斗等，2015；张虎、韩爱华，2018），这为服务业集聚研究提供了新的视角。借鉴上述文献，本章引入以下 2 个指标进行测量：用 Moran's I 指数衡量服务业规模分布的空间相关性，用 Pareto 指数刻画服务业规模分布对 Zipf 定律的偏离程度。本章可视为对第二章的补充，为中国服务业集聚提供全方位、多视角的测量结论。此外，研究中充分考虑了区域、行业的异质性，同时涵盖全国、三大地区、省域 3 个区域层面，以及服务业整体、服务业分组（生产性服务业、消费性服务业、公共服务业）、服务业门类 3 个行业层面。

第二节　研究设计

一、测量指标

1. Moran's I 指数

根据潘文卿（2012），服务业规模分布的空间相关性可采用全域 Moran's I 指数（以下简称"Moran's I 指数"）加以测量。其计算公式如下：

$$I = \frac{n \sum_{i=1}^{n} \sum_{j=1}^{n} w_{ij}(y_i - \bar{y})(y_j - \bar{y})}{\sum_{i=1}^{n} \sum_{j=1}^{n} w_{ij} \sum_{i=1}^{n} (y_i - \bar{y})^2} \tag{3-1}$$

式（3-1）中，I 表示 Moran's I 指数，y_i 和 y_j 表示第 i、第 j 个县级单元的服务业规模，$\bar{y}$ 为平均服务业规模，n 为县级单元的个数，w 为空间权重矩阵。空间权重矩阵通常基于邻接、距离等加以确定，以县级单元间直线距离的倒数作为 w 中元素的值，并做了行标准化处理。I 的取值范围为 $-1 \leqslant I \leqslant 1$，$I > 0$ 表示空间正相关，$I < 0$ 表示空间负相关，$I = 0$ 则表示不存在空间相关性。

在无空间相关性的零假设下，可构建标准正态统计量，用于检验 Moran's I 指数的统计显著性：

$$Z = \frac{1 - E(I)}{\sqrt{Var(I)}} \tag{3-2}$$

式（3-2）中，Z 表示检验统计量，如果其相伴概率小于 0.1，可认为 I 的取值是统计显著的。

Moran's I 指数反映了变量的整体空间相关状况，但可能会忽略局部地

区的非典型性特征,因此还需要引入局域空间相关性分析,其最常用的指标为局域 Moran's I 指数:

$$I_i = (y_i - \bar{y}) \sum_{j=1}^{n} w_{ij}(y_j - \bar{y}) \tag{3-3}$$

式(3-3)中,I_i 表示局域 Moran's I 指数,其余符号含义与式(3-1)相同。I_i 测度了第 i 个县级单元与周围其他县级单元的相关程度:正值表示正相关,即县级单元的服务业规模相似;负值表示负相关,即县级单元的服务业规模相异。该指标常与 Moran 散点图配合使用,能对局域空间相关性进行较清晰的刻画。

2. Pareto 指数

参照现有文献(魏守华等,2018;张虎、韩爱华,2018),采用 Pareto 指数刻画服务业的规模分布情况。Pareto 分布的概率密度函数、累积分布函数分别表示为:

$$f(y) = a\,\underline{y}^a/y^{a+1}, \quad \forall y \geq \underline{y} \tag{3-4}$$

$$F(y) = \int_{\underline{y}}^{y} f(y)\,\mathrm{d}y = 1 - (\underline{y}/y)^a, \quad \forall y \geq \underline{y} \tag{3-5}$$

式(3-4)和式(3-5)中,y 仍表示服务业规模,$\underline{y}$ 表示"节点县级单元"的服务业规模,a 为 Pareto 指数。式(3-5)中的累积分布函数通过对式(3-4)的概率密度函数积分得到,用以表示 $\underline{y} \leq$ 县级单元服务业规模 $\leq y$ 的概率。用 r 表示县级单元按服务业规模的位序排名,$\underline{n}$ 表示规模在节点县级单元以上的县级单元个数,根据累积分布函数 $F(y)$ 的含义,可求出位序 r 与规模 y 之间的关系:

$$r = \underline{n}[1 - F(y)] = \underline{n}(\underline{y}/y)^a \tag{3-6}$$

对式(3-6)取对数,得到线性回归模型:

$$\ln r = \ln\underline{n} + a\ln\underline{y} - a\ln y + \varepsilon = k - a\ln y + \varepsilon \tag{3-7}$$

式(3-7)中,k 为常数,且 $k=\ln\underline{n}+a\ln\underline{y}$,$\varepsilon$ 为随机误差项。式(3-7)通常用来估计 Pareto 指数 a:当 $a>1$ 时,服务业规模分布较为集中,高位序县级单元的服务业较为发达,低位序县级单元的服务业不发达;当 $a<1$ 时,服务业规模分布较为均匀,高位序县级单元的服务业不够发达,低位序县

级单元的服务业较为发达；当 $a=1$ 时，则服务业规模分布服从 Zipf 定律，达到一种理想状态。

二、数据来源

上述 2 个指标中涉及的服务业规模一律用就业人数表示，数据取自第六次全国人口普查分县资料。该资料在 2010 年共记录中国的县级单元 2872 个。这里仍按照第二章的口径，将县级单元划分为东部、中部、西部三大地区：东部 11 省份有县级单元 891 个，中部 8 省份有县级单元 899 个，西部 12 省份有县级单元 1082 个；同时将 15 个服务业门类归为生产性服务业、消费性服务业和公共服务业三组。

第三节　空间相关性

一、全国层面

为测算全国层面上服务业规模分布的空间相关性，根据式（3-1）计算 Moran's I 指数，图 3-1 报告了计算结果。[①] 服务业整体的 Moran's I 指数为 0.406，在全国层面表现出正的空间相关性。生产性服务业、消费性服务业、公共服务业的正空间相关性也较强，其 Moran's I 指数分别为 0.402、0.405、0.347。

在全国层面上，所有的服务业门类都存在正的空间相关性，大部分门类的 Moran's I 指数集中在 0.4 附近。其中，房地产业的空间相关性最强

---

① 本章采用 Stata 计算 Moran's I 指数、Pareto 指数。此处涵盖 2872 个县级单元的空间权重矩阵，较为复杂，借助 Donald J. Lacombe 编写的 Matlab 程序生成。

（0.432），国际组织的空间相关性则最弱（0.249）。

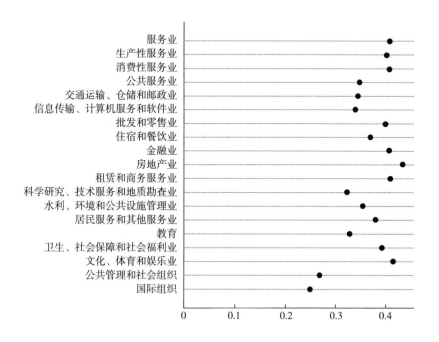

图3-1 全国层面上服务业的 Moran's I 指数

资料来源：笔者绘制。

这里也计算了非服务业的 Moran's I 指数：制造业、采矿业的取值最低，分别为 0.216、0.234，空间相关性弱于所有服务业门类；农林牧渔业，电力、燃气及水的生产和供应业，建筑业的 Moran's I 指数相对较高，分别为 0.384、0.294、0.329，其空间相关性强于部分服务业门类。

为进一步把握局部地区的非典型性特征，根据式（3-3）计算服务业的局域 Moran's I 指数 I_i，进行局域空间相关性分析。限于篇幅，仅报告服务业整体、三类服务业的局域 Moran's I 指数，其 Moran 散点图如图 3-2 所示。I_i 为正，意味着服务业规模大的县级单元被服务业规模大的县级单元包围（高—高型，第 1 象限），或服务业规模小的县级单元被服务业规模小的县级单元包围（低—低型，第 3 象限）；I_i 为负，则表示服务业规模小的县

级单元被服务业规模大的县级单元包围（低—高型，第 2 象限），或服务业
规模大的县级单元被服务业规模小的县级单元包围（高—低型，第 4 象
限）。从图 3-2 可以看出，第 1 象限的"高—高型"县级单元最多，即许多
具有较大服务业规模的县级单元被同样具有较大服务业规模的县级单元所
包围，可见中国的服务业规模分布呈现出一定的"俱乐部"特征。

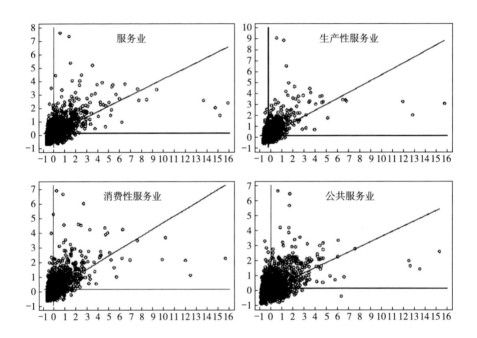

图 3-2　全国层面上服务业的局域 Moran's I 指数

资料来源：笔者绘制。

二、三大地区层面

接下来计算三大地区层面上服务业的 Moran's I 指数，结果如图 3-3 所
示。服务业整体在三大地区的规模分布均为正的空间相关，东部、中部、
西部地区服务业的 Moran's I 指数分别为 0.110、0.115、1.163，空间相关

程度逐渐增大。

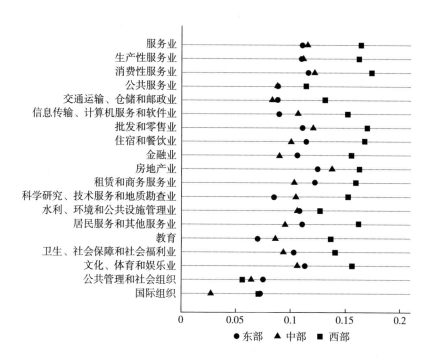

图3-3 三大地区层面上服务业的 Moran's I 指数

资料来源：笔者绘制。

三组服务业的空间相关性存在地区差异：东部、中部的空间相关性较为接近，生产性服务业的 Moran's I 指数分别为 0.109、0.111，消费性服务业的 Moran's I 指数分别为 0.115、0.121，公共服务业的 Moran's I 指数均为 0.088；相对而言，西部的空间相关性更高，三组服务业的 Moran's I 指数分别达到 0.161、0.173、0.113。

从服务业门类来看，空间相关性的地区差异与服务业整体、三组服务业类似，即西部地区的空间相关性仍然强于东部、中部地区。除公共管理和社会组织、国际组织这2个门类，其余13个门类在西部地区的 Moran's I 指数均为最大。例如，批发和零售业在西部的 Moran's I 指数为 0.169，在东部、中部则仅有 0.110、0.120，分别是西部的 65%、71%。

三、省域层面

这里进一步计算省域层面上服务业的 Moran's I 指数，图 3-4 报告了计算结果。需要说明的是，与全国层面、三大地区层面不同，服务业在省级层面的 Moran's I 指数有许多并未通过式（3-2）的 Z 检验，这意味着其空间相关性并不显著，因此图 3-4 仅报告 Z 检验结果显著的 Moran's I 指数。

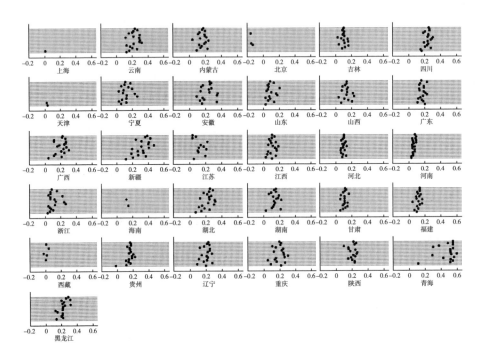

图 3-4　省域层面上服务业的 Moran's I 指数

资料来源：笔者绘制。

服务业整体在大部分省域上表现出正的空间相关性。其中，空间相关性最强、最弱的省域分别是青海、江苏，其 Moran's I 指数分别为 0.560、0.033，差异巨大。值得一提的是，青海的三组服务业的空间相关性均为最强，生产性服务业、消费性服务业、公共服务业的 Moran's I 指数分别达到 0.498、0.559、0.386。

服务业门类在省域层面上表现出以下特征：第一，部分省域仅有少数门类的空间相关性显著。这包括北京、上海、天津和海南等县级单元较少的省域，也包括西藏这样的欠发达地区。较为极端地，上海仅有公共管理和社会组织的 Moran's I 指数显著为正（0.006）。第二，各门类在青海、新疆的空间相关性明显强于其他省域。例如，青海绝大多数服务业门类的 Moran's I 指数都在 0.3 以上，这与其他省域的 Moran's I 指数集中在 0.2 附近迥然不同。第三，北京的服务业门类存在较强的空间负相关特征。3 个通过 Z 检验门类的 Moran's I 指数均显著为负，包括交通运输、仓储和邮政业（-0.156），水利、环境和公共设施管理业（-0.141），居民服务和其他服务业（-0.129），可见这些门类在北京具有"高低互见"的规模分布特征。

第四节　对 Zipf 定律的偏离

一、全国层面

为测量服务业规模分布对 Zipf 定律的偏离程度，此处根据式（3-7），对县级单元的位序和规模进行回归分析，得到服务业的 Pareto 指数。为方便起见，当且仅当 Pareto 指数的取值介于 0.95~1.05 时，称为服从 Zipf 定律。从全国层面上，服务业整体以及三组服务业的"位序—规模"回归结果如图 3-5 所示。服务业整体的 Pareto 指数为 0.737，可见其规模分布较为均匀，且不服从 Zipf 定律；生产性服务业、消费性服务业的 Pareto 指数分别为 0.627、0.647，比服务业整体更加偏离 Zipf 定律；公共服务业的 Pareto 指数达到 0.885，虽然接近 1，但仍然偏离 Zipf 定律。与上述结论不同的是，张虎和韩爱华（2018）在市级单元上的分析表明，生产性服务业的规模分布基本服从 Zipf 定律。基于不同空间单元得到的测量结果迥异，也从侧面说明在更小空间单元上测量服务业规模分布的必要性。

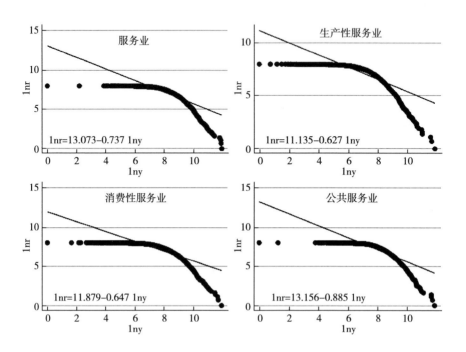

图3-5　全国层面上服务业的"位序—规模"回归结果

资料来源：笔者绘制。

类似地，基于"位序—规模"回归计算全国层面上各服务业门类的 Pareto 指数，结果如图 3-6 所示。公共管理和社会组织的 Pareto 指数为 0.957，是唯一服从 Zipf 定律的服务业门类；国际组织的 Pareto 指数高达 2.286，偏离 Zipf 定律，其规模分布高度集中；其余 13 个服务业门类的 Pareto 指数均小于 0.95，最高的教育也仅有 0.781，都不服从 Zipf 定律，规模分布较为均匀。

与非服务业相比，服务业对 Zipf 定律的偏离程度是更高还是更低？为此，这里也计算了其他 5 个非服务业门类的 Pareto 指数：农林牧渔业，电力、燃气及水的生产和供应业，建筑业的 Pareto 指数分别为 0.463、0.495、0.454，采矿业，制造业的 Pareto 指数略高，分别为 0.670、0.515，取值均低于服务业整体的 Pareto 指数 0.737。细分至服务业门类，也有 6 个服务业门类的 Pareto 指数大于 0.670 且小于 1。由此可见，服务业的规模分布对 Zipf 定律的偏离程度要小于非服务业，如图 3-6 所示。

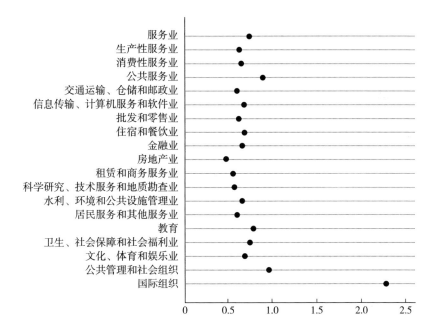

图 3-6　全国层面上服务业的 Pareto 指数

资料来源：笔者绘制。

二、三大地区层面

与全国层面的做法相同，这里基于"位序—规模"回归计算三大地区层面上服务业的 Pareto 指数，结果如图 3-7 所示。从服务业整体来看，虽然三大地区的服务业规模分布均不服从 Zipf 定律，但存在一定差异：东部、西部地区服务业的 Pareto 指数分别是 0.817、0.698，规模分布较为分散；中部地区的 Pareto 指数达到 1.112，规模分布则相对集中。

三组服务业也存在类似的地区差异：生产性服务业、消费性服务业、公共服务业在东部地区的 Pareto 指数分别为 0.801、0.791、0.941，在西部地区的 Pareto 指数则分别为 0.556、0.593、0.845。东、西部地区的服务业规模分布均比较分散，但前者比后者更接近 Zipf 定律。相对而言，中部地区三组服务业的取值分别为 1.071、0.981、1.161，规模分布相对集中，并且其消费性服务业的规模分布服从 Zipf 定律。

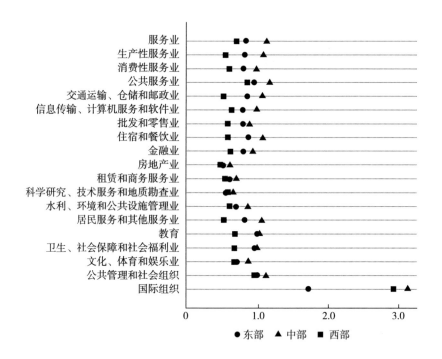

图 3-7　三大地区层面上服务业的 Pareto 指数

资料来源：笔者绘制。

观察图 3-7 中各服务业门类在三大地区的 Pareto 指数，不难发现两个特征：一方面，中部地区无一例外地高于东、西部地区，且中部地区有若干服务业门类的 Pareto 指数大于 1，规模分布较为集中。另一方面，与全国层面不同，三大地区层面上有不少服务业门类的规模分布服从 Zipf 定律：东部地区的教育（0.982），卫生、社会保障和社会福利业（0.956），公共管理和社会组织（0.996）；中部地区的信息传输、计算机服务和软件业（0.983），居民服务和其他服务业（1.043），教育（1.034），卫生、社会保障和社会福利业（0.993）；西部地区的公共管理和社会组织（0.954）。

三、省域层面

计算省域层面上服务业的 Pareto 指数，结果如图 3-8 所示。服务业整体在以下 8 个省域的规模分布服从 Zipf 定律：辽宁（1.014）、上海（1.029）、浙江（1.033）和陕西（1.036）的 Pareto 指数略大于 1；内蒙古（0.975）、西藏（0.977）、重庆（0.978）以及甘肃（0.989）的 Pareto 指数则略小于 1。

生产性服务业在 5 个省域的规模分布服从 Zipf 定律：河北（1.045）、浙江（0.984）、福建（0.974）、贵州（1.044）和陕西（0.974）。消费性服务业在 7 个省域的规模分布服从 Zipf 定律：山西（1.044）、辽宁（0.979）、上海（1.037）、浙江（0.970）、福建（1.001）、广西（1.042）以及贵州（1.036）。公共服务业在 2 个省域的规模分布服从 Zipf 定律：上海（1.045）和四川（0.999）。

进一步地，图 3-8 也报告了省域层面上各服务业门类的 Pareto 指数，以考察其对 Zipf 定律的偏离程度。有以下结论：第一，偏离程度最小的服务业门类是金融业，水利、环境和公共设施管理业，居民服务和其他服务业。这 3 个门类分别在 6 个省域的规模分布服从 Zipf 定律，例如，金融业在天津（1.013）、浙江（0.960）、河南（1.025）、湖南（1.028）、贵州（0.965）和云南（0.978）的规模分布均服从 Zipf 定律。第二，偏离程度最大的服务业门类是房地产业、国际组织，这 2 个门类的规模分布在所有省域都不服从 Zipf 定律。第三，偏离程度最小的省域是贵州，有 5 个服务业门类的规模分布服从 Zipf 定律：信息传输、计算机服务和软件业（0.979），批发和零售业（1.045），住宿和餐饮业（0.995），金融业（0.965）以及居民服务和其他服务业（0.981）。第四，偏离程度最大的省域包括内蒙古、山东、海南、四川、青海，这 5 个省域中所有服务业门类的规模分布都不服从Zipf 定律。

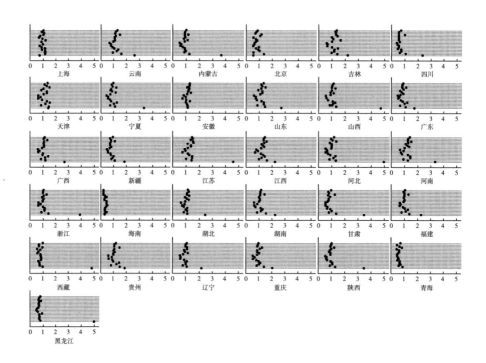

图 3-8　省域层面上服务业的 Pareto 指数

资料来源：笔者绘制。

第五节　小结

本章进一步从规模分布视角研究中国服务业集聚的典型特征。基于第六次全国人口普查分县数据，用 Moran's I 指数测量服务业规模分布的空间相关性，用 Pareto 指数测量服务业规模分布对 Zipf 定律的偏离程度，主要结论如下：

第一，在全国层面，服务业整体的全域 Moran's I 指数为 0.406，呈现正的空间相关性，局域 Moran's I 指数则表明，服务业整体的规模分布存在一定的"俱乐部"特征，Pareto 指数为 0.737，规模分布较为均匀，不服从 Zipf 定律。

第二，在三大地区层面，服务业整体规模分布的空间相关性在东、中、西部依次增强；其规模分布在东、西部较为分散，中部相对集中，但均不服从 Zipf 定律。

第三，在省域层面，服务业整体在大部分省域上表现出正的空间相关性，最强、最弱的省域分别是青海、江苏；服务业整体的规模分布在 8 个省份服从 Zipf 定律。

第四，三组服务业（生产性服务业、消费性服务业和公共服务业）、15 个服务业门类在全国、三大地区、省域等不同区域层面上，其规模分布表现出很强的异质性。

第四章　服务业集聚的形成机制

第一节　引言

经典文献集中探讨影响集聚的经济地理因素。马歇尔（Marshall，1920）提出了专业劳动力市场、中间投入共享和知识溢出三大来源，新经济地理学则强调市场规模的作用（Krugman，1991a）。在 Fujita 和 Mori（2005）看来，专业劳动力市场、中间投入共享和市场规模等可视为经济关联，泛指一切传统经济活动所产生的集聚力；而知识溢出则是知识关联，特指知识、技术的交流与外溢所产生的集聚力。这些理论在创建之初用于解释制造业的集聚，未涉及服务业集聚问题。

借鉴上述理论的合理内核，现有研究考察发达国家服务业集聚的形成机制，证实经济关联、知识关联均能够解释服务业的集聚。在经济关联方面，Scott（1988）分析北美、西欧的柔性生产系统时，指出劳动力的市场关系网络对服务业集聚具有重要作用；Grimes 等（2007）指出，劳动力供给、产业之间的联系以及接近主要港口对美国 1990—1997 年计算机服务业的集聚有重要解释力。在知识关联方面，Pinch 和 Henry（1999）提出，不可贸易且相互依赖的知识溢出是英国赛车产业集聚的一大动力；Keeble 和 Nachum（2002）对英国中小型管理和工程咨询企业的分析表明，集体学习过程是伦敦服务业集聚的动力，其实现的关键在于通过正式和非正式网络进行频繁的知识交流。也有研究同时证实了经济关联、知识关联的作用：Pandit 和 Cook（2003）发现获得专业化投入和知识溢出以及便于接近有复杂需求的消费者都是英国金融业集聚的动因；Shearmur 和 Doloreux（2008）的研究表明，加拿大高端生产性服务业在 20 世纪 90 年代的集聚发展，可归因于劳动力市场效应和知识溢出效应等；Kolko（2010）在检验美国服务业集聚的形成机制时，则同时涵盖马歇尔来源、市场规模等因素，提供了一个完整的实证分析框架。

现有研究也关注中国服务业集聚的形成机制，并在一定程度上证实了经济地理因素的作用。Zhao 等（2004）对中国金融业的研究表明，依赖信息资源的高端金融活动的主要集聚力是获取知识溢出。陈建军等（2009）基于 2006 年城市数据，也发现了知识密集度等变量的作用。宣烨（2013）对 2003—2010 年城市数据的分析，表明市场规模对服务业集聚存在显著影响。盛龙和陆根尧（2013）则基于 2003—2010 年的行业数据，证实了市场规模（制造业需求）、知识密集度对生产性服务业集聚具有显著影响。亦有研究探讨制度因素对中国服务业集聚的影响。孔令池等（2016）利用 2004—2014 年省际数据的研究显示，具有地方保护主义倾向的政府干预行为严重阻碍了服务业集聚的形成。刘杨和蔡宏波（2017）基于 2008 年 243 个地级市的数据，发现城市的契约执行效率对服务业集聚有显著的正向影响。此外，还有研究实证考察了高铁等其他因素对服务业集聚的影响（邓涛涛等，2017；宣烨等，2019）。

现有研究深化了学界对中国服务业集聚的认识，但仍存在改进的空间：研究通常将经济地理因素与制度因素割裂开来，缺乏系统性的解释框架；服务业集聚的指标通常基于省级或市级单元计算，空间尺度较大导致测量结果较为粗疏；回归分析大都基于地区数据进行，将服务业视为一个整体，忽略了服务业细分行业间的差异。鉴于此，本章有以下可能的边际贡献：首先，提出一个同时涵盖经济地理因素和制度因素的理论框架并加以检验，以系统解释中国服务业集聚的形成机制；其次，利用人口普查分县数据，在县级单元上测量各省的服务业集聚水平，较小的空间尺度保证了较高的测量质量；最后，实证分析采用一套"省份—行业"截面数据，尽可能地控制各服务业细分行业的异质性，提高了参数估计的精度。

第二节 理论分析

一、经济地理因素与服务业集聚

主流的集聚理论关注影响集聚的四类经济地理因素：专业劳动力市场、中间投入共享、知识溢出等马歇尔来源，以及新经济地理学所强调的市场规模。这四类因素分别侧重于人（劳动）、物（原材料、产成品）、技术（知识）等基本生产要素，构成了一个完整的分析框架。

一是专业劳动力市场。服务业的专业化程度越高，工人越有动力集聚在特定区域以规避单一企业倒闭的风险，也越容易形成专业劳动力市场。专业劳动力市场有利于服务业企业搜寻所需要的员工，既提高了岗位需求与劳动供给相匹配的预期质量、成功概率，也减少了契约签订及执行中的逆向选择和道德风险，从而降低了交易成本。

二是中间投入共享。基于对共享中间投入的考量，服务业有可能在空间上集聚。例如，在全球最具影响力的电影产业集聚区好莱坞，上百家电影制作企业与剧本创作、乐团、场景设计、道具、电影剪辑等各种中间产品的供应商建立了后向关联，获得集聚收益（O'Sullivan，2011）。

三是知识溢出。集聚大大降低了知识尤其是难以编码的隐性知识在服务业企业间溢出的壁垒。企业间的近距离互动不但推动了有关研发、设计、工艺、市场和管理等存量知识的传播和交流，还促进了新知识的创造和积累，这将有助于提升企业绩效。对知识密集型的服务业企业而言，在集聚区域内获得创意和灵感尤为重要。

四是市场规模。基于对贸易成本、市场外部性和报酬递增等方面的考量，企业的生产活动更倾向于在邻近市场的区位内进行（Krugman，1991a）。由于采掘业、制造业等产业一般分布较为集中，为其提供中间投入的生产性服务业为追求市场规模，往往也具有较高的集聚程度。但对消费性服务业来说，其产品主要用于最终消费且可贸易性较差，行业跟随消费者分散布局的可能性很大，因此其集聚特征较弱，相比于制造业具有"更高的城市化却更低的聚集化"（Kolko，2010）。

研究假说4-1：经济地理因素如专业劳动力市场、中间投入共享、知识溢出和市场规模等，推动了中国服务业集聚。

二、制度因素与服务业集聚

以上对经济地理因素的分析，是从纯粹的经济视角进行的，但这一框架主要适用于自由市场经济。如果用来解释中国等发展中国家的集聚现象，还应考虑特殊的制度背景。现阶段中国制度的主要特征是什么？应是"对内改革"和"对外开放"。

对内改革的重要内容，是革除地方保护主义等一系列阻碍市场经济发展的制度障碍。地方保护主义是中国式财政分权背景下地方政府竞争的结果。中央政府对地方政府长期采取以GDP为核心的单维激励模式，地方政府官员参与晋升锦标赛，尽一切可能整合、利用其所能控制和影响的资源，以推动本地区的经济增长（Li and Zhou，2005）。作为晋升锦标赛的一项重要内容，地方保护主义表现为限制本地的优质资源流入外地、阻碍外地的产品进入本地市场等。地方保护主义对中国制造业集聚的影响已得到文献的证实（Bai et al.，2004），也在一定程度上限制了服务业要素的自由流动，不利于服务业集聚的形成（孔令池等，2016）。

就中国而言，对外开放意味着主动融入全球化，在扩大商品、资本、人员交流的同时，也有借鉴西方先进制度的作用（比如建立深圳特区、上海自贸区等）。从这个意义上来说，对外开放是一种制度变迁途径，即"以开放促改革"。对外开放引入了国际间竞争，国际压力的增强为国内经济制度演进提供了外在动力。对外开放的制度效应，其范围在宏观层面涉及政府管理体制、宏观调控机制、财政货币政策、劳动分配制度等，在微观层面则涵盖企业产权制度、经营管理机制、居民就业方式、消费结构等（杨亚琴，2002）。研究表明，对外开放可通过"制度转型机制"促进制造业集聚，该机制包括开放与制度学习、开放与制度竞争、开放与制度主体的进入和退出等内容（张萃、赵伟，2009）。由此可以推论，与制造业的生产活动、从业者消费密切相关的生产性服务业、消费性服务业，也会间接地受到对外开放的影响，集聚程度有所提高。

研究假说4-2：制度因素中，地方保护主义阻碍中国服务业集聚的形成，对外开放则对中国服务业集聚具有促进作用。

第三节　研究设计

一、模型设定

为检验研究假说4-1和假说4-2，构建回归模型进行实证分析。Kolko（2010）在考察美国服务业集聚的形成机制时，借鉴 Rosenthal 和 Strange（2001）关于制造业集聚的研究，建立了一个实证分析框架，其解释变量涵盖专业劳动力市场、中间投入共享、知识溢出和市场规模等经济地理因素。在此基础上，这里进一步引入地方保护主义、对外开放等制度因素作为解释变量，构造以下的回归方程：

$$Agg_{ij} = \alpha_0 + \alpha_1 Ecogeo_{ij} + \alpha_2 Institution_{ij} + \alpha_3 Control_{ij} + \mu_i + \zeta_j + \varepsilon_{ij} \qquad (4-1)$$

其中，i 和 j 分别表示省份和行业，Agg 表示服务业集聚，$Ecogeo$ 表示专业劳动力市场、中间投入共享、知识溢出、市场规模等经济地理变量，

Institution 表示地方保护主义、对外开放等制度变量，*Control* 表示其他控制变量，μ 和 ζ 分别为省份固定效应和行业固定效应，ε 为随机误差项，$\alpha_0 \sim \alpha_3$ 为待估的参数向量。

二、变量选择

1. 被解释变量

首先，用区位基尼系数测量服务业集聚，其计算详见第二章第二节。

其次，除区位基尼系数外，本章也采用空间集中度来测量服务业集聚。罗勇和曹丽莉（2005）对中国制造业集聚的测量中借用市场集中度的计算方法，提出了五省市集中度指标，即产业份额排名前五位的省市所占产业份额之和。沿袭这一思路，定义一个"空间集中度"指标，用某一省份中行业份额排名前 1/3 的县级单元所占行业份额之和，代表服务业门类在该省的集聚程度。空间集中度从另一个角度刻画服务业集聚，是区位基尼系数的良好补充。

2. 核心解释变量

专业劳动力市场：Kolko（2010）基于美国的"产业—就业"矩阵，计算服务业的专业化程度，并以此作为专业劳动力市场的代理变量。由于中国缺乏类似的统计数据，有必要寻找替代指标。一般来说，产业的专业化程度与产业所需的高技术人才的比重呈正相关。因此，这里依据经济普查数据，用法人单位从业人员中拥有高级技术职称者所占的比重来衡量服务业门类的专业化程度，作为专业劳动力市场的代理变量。

中间投入共享：在 Kolko（2010）的模型中，用自然资源投入占总投入的比重衡量服务业的中间投入共享。这是因为在所有中间投入中，自然资源因其移动性较差，最容易吸引产业在资源密集区域进行布局，由此推断服务业对自然资源的依赖越大，其集聚程度可能越高。对此，这里首先将省级投入产出表中的农林牧渔业、煤炭开采和洗选业、石油和天然气开采业、金属矿采选业、非金属矿及其他矿采选业这 5 个部门合并为"自然资源"，进而计算各服务业门类对自然资源的完全消耗系数，以此来度量自然资源投入占服务业总投入的比重。

知识溢出：依据经济普查数据，用法人单位从业人员中具有大学本科或研究生及以上学历者所占的比重，作为知识溢出的代理变量。这一处理与 Kolko（2010）的做法类似。

市场规模：借鉴 Kolko（2010）的方法，计算省级投入产出表中居民消费占总产出的比重，衡量服务业门类对市场规模的依赖。

地方保护主义：代表性文献中对地方保护主义的测量指标，包括利税率、国有企业产值比重或就业比重、地方财政收入占国内生产总值的比重等（Bai et al.，2004；白重恩等，2004；黄玖立、李坤望，2006；Yang and He，2014；杨汝岱、朱诗娥，2015）。这里采用利税率来测量服务业各门类的地方保护主义程度，其逻辑在于地方政府的税收收入依赖于本地行业，某行业的利税率越高，地方政府越有动力激励保护此行业。衡量利税率是依据省级投入产出表计算服务业门类的完全社会纯收入系数。

对外开放：文献中通常以外贸依存度（进出口对 GDP 的比值）衡量对外开放程度。对服务业外贸依存度的计算，以省级投入产出表中的流出、流入项之和除以总产出表示。

3. 控制变量

进一步控制企业规模因素。前文用区位基尼系数、空间集中度测量服务业集聚，未考虑企业层面的规模差异。因此如果某一区域单元存在一个规模很大的服务业企业，会导致该产业的区位基尼系数较大，但实际上并无集聚现象。参考 Bai 等（2004）的处理，这里引入平均企业规模变量以缓解这一问题。平均企业规模用经济普查资料中法人单位从业人员与法人单位数的比值衡量。

由于省份之间、服务业细分行业之间均存在差异，也对省份固定效应、行业固定效应加以控制。具体做法是，以北京为参照，对其余 26 个省份设置虚拟变量；以交通运输、仓储和邮政业为参照，对其余 13 个服务业门类设置虚拟变量。

三、数据来源和描述性统计

被解释变量服务业集聚的计算，数据取自 2010 年全国人口普查分县资料。对该数据的介绍详见第二章第二节。

解释变量的数据来源，则包括 2007 年省级投入产出表以及 2008 年全国经济普查资料。2007 年各省均编制了 42 部门投入产出表，2008 年实施第二次全国经济普查并陆续公开了各省经济普查结果，这为我们获取服务业各门类在各省的信息提供了可靠的数据来源。有必要指出，为与《国民经济行业分类》（GB/T-4754-2011）的服务业门类相匹配，这里将各省投入产出表中的交通运输及仓储业、邮政业合并为"交通运输、仓储和邮政业"，研究与试验发展业、综合技术服务业合并为"科学研究、技术服务和地质勘查业"。

基于人口普查数据、投入产出表数据、经济普查数据，本章构造涵盖中国 27 个省 14 个服务业门类的"省份—行业"截面数据集，共获得 378 个观测值。① 这一数据集能有效解决当前研究中缺乏服务业细分行业数据的问题，因而便于控制行业差异，提高参数估计精度。

回归分析前，对主要变量进行描述性统计，结果如表 4-1 所示。4 个经济地理变量中，中间投入共享的均值和标准差最小，分别为 0.14 和 0.10，表明服务业对自然资源的依赖相对较小，且各门类间差异不大。市场规模的均值和标准差最大，分别为 0.26 和 0.21，可见服务业有较强的追随最终消费者的特征，同时这一特征在各门类间存在较大差异。专业劳动力市场、知识溢出变量的均值和标准差则处于中间水平。

---

① 因无法获得天津、湖南、青海、西藏的经济普查数据，故将这 4 省剔除。按《国民经济行业分类》（GB/T-4754-2011），服务业门类（也称字母行业）有 15 个，其中"国际组织"门类性质特殊且规模很小，不予考虑。

表 4-1　主要变量的描述性统计

名称	量纲	观测值	均值	标准差	最小值	最大值
区位基尼系数	—	378	0.51	0.13	0.24	0.83
空间集中度	—	378	0.71	0.10	0.49	0.96
专业劳动力市场	—	378	0.25	0.19	0.04	0.82
中间投入共享	—	378	0.14	0.10	0.01	0.54
知识溢出	—	378	0.21	0.13	0.03	0.65
市场规模	—	378	0.26	0.21	0.00	0.92
地方保护主义	—	378	0.39	0.16	0.06	0.80
对外开放	—	378	0.38	0.46	0.00	3.88
平均企业规模	人/家	378	41.64	44.35	10.07	327.01

资料来源：笔者基于 2007 年各省投入产出表、2008 年经济普查资料、2010 年人口普查分县资料计算并绘制。

第四节　回归结果及分析

一、基准回归

针对截面数据的特点，回归前进行异方差检验，BP 检验、怀特检验结果均表明模型存在异方差问题。为处理异方差，这里根据稳健标准误计算各估计系数的 t 统计值，并对平均企业规模变量取对数。此外，对解释变量进行共线性检验，所有方差膨胀因子的最大值为 2.24，均值为 1.43，意味着回归模型不存在多重共线性问题。利用上述"省份—行业"截面数据，基准回归以区位基尼系数测量被解释变量，对式（4-1）进行参数估计，结果如表 4-2 所示。

表 4-2 中，第（1）~第（3）列、第（4）~第（6）列分别在不控制

和控制省份、行业固定效应前提下，在经济地理变量的基础上逐步加入制度变量以及平均企业规模。第（6）列涉及所有解释变量，能最大限度地避免遗漏变量造成的内生性，是分析回归结果的主要依据。

表4-2 服务业集聚的形成机制：基准回归

	（1）	（2）	（3）	（4）	（5）	（6）
专业劳动力市场	0.726**	0.678**	0.618*	0.639**	0.646**	0.660**
	(2.20)	(2.07)	(1.86)	(2.35)	(2.36)	(2.37)
中间投入共享	−0.259***	−0.268***	−0.246***	0.012	0.015	0.015
	(−3.93)	(−4.12)	(−3.70)	(0.23)	(0.29)	(0.29)
知识溢出	−0.042	−0.028	0.004	0.131*	0.129*	0.131*
	(−0.58)	(−0.39)	(0.05)	(1.78)	(1.74)	(1.77)
市场规模	0.014	0.005	0.010	0.001	0.000	−0.000
	(0.40)	(0.14)	(0.28)	(0.04)	(0.01)	(−0.02)
地方保护主义		−0.017	−0.014		−0.016***	−0.016***
		(−0.72)	(−0.57)		(−3.01)	(−3.02)
对外开放		0.037**	0.037**		−0.004	−0.004
		(2.05)	(2.04)		(−0.78)	(−0.73)
平均企业规模			−0.014*			−0.004
			(−1.68)			(−0.40)
常数项	0.531***	0.525***	0.564***	0.303***	0.313***	0.328***
	(25.38)	(21.67)	(16.05)	(9.83)	(10.21)	(5.97)
省份固定效应	N	N	N	Y	Y	Y
行业固定效应	N	N	N	Y	Y	Y
Adj-R^2	0.06	0.07	0.07	0.91	0.91	0.91
F统计值	6.62	5.51	5.35	111.35	117.51	115.22
观测值	378	378	378	378	378	378

注：***、**、*分别表示在1%、5%、10%的显著性水平上显著，括号内数值为根据稳健标准误计算的t统计值。

资料来源：笔者计算。

根据第（6）列结果，4 个经济地理变量的作用有较大差异。第一，专业劳动力市场的估计系数为 0.660，在 5% 水平上显著为正，可见服务业门类的专业化程度越高，越倾向于集聚以形成专业劳动力市场，因此，专业劳动力市场是促进中国服务业集聚的重要原因。第二，知识溢出的系数估计值为 0.131，并通过了 10% 水平的显著性检验，可见获取知识尤其是研发、工艺、市场和组织等存量知识，也是中国服务业集聚的重要动力。第三，中间投入共享、市场规模变量的估计系数分别为 0.015、−0.000，且均不显著，表明中间投入共享、市场规模对中国服务业集聚的促进作用不显著，并不是中国服务业集聚的决定因素。其原因可能在于，服务业对自然资源等中间投入依赖相对较小，以及服务业倾向于追随终端市场导致集聚程度不高（见前文描述性统计）。

两个制度变量的影响也存在差异。地方保护主义的系数估计值为−0.016，在 1% 水平上显著，可见旨在庇护高利税率行业的地方保护主义会阻碍中国服务业集聚。有必要指出，盛龙和陆根尧（2013）用行业的国有化程度衡量地方保护主义，发现地方保护主义对生产性服务业存在显著的负向影响，这与本章的判断类似。对外开放对服务业集聚的估计系数为−0.004，但是并不显著，可见对外开放这一因素并没有对服务业集聚产生显著的正向影响。最后，平均企业规模对服务业集聚的估计系数为−0.004，影响亦不显著。

有必要讨论模型的内生性问题。一般来说，回归中的内生性来源主要包括测量误差、遗漏解释变量、反向因果三个方面。本章在数据搜集、变量计算中注重规范性、科学性，着力避免测量误差问题；同时从经济地理、制度双重视角选择解释变量，以缓解遗漏变量的问题。理论上，由于服务业集聚有可能显著影响某些解释变量，因此回归分析也面临着反向因果问题。一般来说，反向因果问题在（同一时期的）截面数据中难以处理。幸运的是，由于本章的数据采集于不同年份，解释变量在时间上早于被解释变量，我们有理由认为被解释变量不能"反过来"影响解释变量。这样的数据特征，可以有效缓解反向因果导致的内生性，提高参数估计结果的一致性。

综上所述，基准回归的结果表明专业劳动力市场、知识溢出显著促进了服务业集聚，地方保护主义则显著抑制服务业集聚，中间投入共享、市场规模、对外开放等变量的作用不显著。研究假说4-1、假说4-2得到部分证实。

二、稳健性检验

为印证基准回归的结论，这里采用变换变量的方法进行稳健性检验，结果如表4-3所示。

第（1）列中，用空间集中度代替区位基尼系数作为新的被解释变量，结果中专业劳动力市场、知识溢出的系数为正，并分别在10%、5%水平上显著；地方保护主义的系数为负，并通过5%的显著性检验；其余主要解释变量均不显著。第（2）列用法人单位从业人员中拥有中高级技术职称者所占比重，替代高级技术职称者所占比重，作为专业劳动力市场的代理变量。该变量的系数估计值在10%水平上显著为正，证实专业劳动力市场促进了服务业集聚。第（3）列中，用法人单位从业人员中具有大学本科学历者所占比重，替代大学本科或研究生及以上学历者所占比重，作为知识溢出的代理变量。该变量的估计系数在10%水平显著为正，证实知识溢出对服务业集聚有积极影响。第（4）列用居民与政府总消费占总产出的比重，替代居民消费占总产出的比重，作为市场规模的代理变量。该变量系数估计值仍不显著，表明市场规模不是服务业集聚的决定因素。第（5）列和第（6）列中，分别用出口占GDP的比重和净出口占GDP的比重代替外贸依存度，作为对外开放的代理变量，变量的估计系数均不显著，可见对外开放并非服务业集聚的决定因素。

以上结果显示，所有主要解释变量的估计系数的正负、显著性与基准回归结果类似，因此基准回归的结论是稳健的。这进一步证实了研究假说4-1和假说4-2的部分论断。

表4-3　服务业集聚的形成机制：稳健性检验

	（1）	（2）	（3）	（4）	（5）	（6）
	空间集中度	变换专业劳动力市场	变换知识溢出	变换市场规模	变换对外开放	变换对外开放
专业劳动力市场	0.400*	0.178*	0.683**	0.677**	0.670**	0.665**
	（1.82）	（1.95）	（2.35）	（2.42）	（2.41）	（2.38）
中间投入共享	0.001	0.012	0.015	0.014	0.012	0.011
	（0.02）	（0.23）	（0.30）	（0.27）	（0.24）	（0.22）
知识溢出	0.118**	0.152**	0.154*	0.127*	0.128*	0.131*
	（2.07）	（1.98）	（1.87）	（1.75）	（1.74）	（1.75）
市场规模	0.006	0.002	−0.001	−0.008	−0.002	−0.000
	（0.43）	（0.08）	（−0.04）	（−0.65）	（−0.14）	（−0.01）
地方保护主义	−0.010**	−0.015***	−0.015***	−0.016***	−0.015***	−0.015***
	（−2.27）	（−3.05）	（−3.00）	（−3.04）	（−2.87）	（−2.89）
对外开放	−0.005	−0.004	−0.004	−0.003	−0.003	0.004
	（−1.18）	（−0.80）	（−0.69）	（−0.58）	（−0.19）	（0.65）
平均企业规模	−0.002	−0.003	−0.003	−0.004	−0.004	−0.004
	（−0.27）	（−0.29）	（−0.38）	（−0.39）	（−0.46）	（−0.43）
常数项	0.560***	0.321***	0.328***	0.329***	0.330***	0.327***
	（12.76）	（5.79）	（6.02）	（5.98）	（6.06）	（5.94）
省份固定效应	Y	Y	Y	Y	Y	Y
行业固定效应	Y	Y	Y	Y	Y	Y
Adj-R^2	0.91	0.91	0.92	0.91	0.91	0.91
F统计值	112.74	114.25	116.29	114.35	114.68	115.12
观测值	378	378	378	378	378	378

注：***、**、*分别表示在1%、5%、10%的显著性水平上显著，括号内数值为根据稳健标准误计算的t统计值。

资料来源：笔者计算。

第五节　小结

　　本章系统提出了涵盖经济地理因素和制度因素的理论框架，以解释中国服务业集聚的形成机制。在此基础上，利用省级投入产出表、全国经济普查资料、全国人口普查分县资料，构造"省域—行业"截面数据集，构建回归模型进行实证检验。结果表明：专业劳动力市场、知识溢出能显著促进服务业集聚，而中间投入、市场规模的影响不显著；地方保护主义阻碍了服务业集聚，对外开放对服务业集聚则无显著影响。

第五章 文化产业集聚的决定因素

第一节 引言

进入 21 世纪，文化产业向城市集聚的特征越发明显，文化产品的极大丰富和人类文化领域日益扩大的商品化成为城市化进程的重要标志（张晗，2013）。城市有能力汇聚艺术、思想、时尚并提供高水平的创新以促进经济增长，因而城市成为文化产业发展的良好载体。而城市文化产业所具有的低投入、高回报、物质能源消耗少、取得效益大等特点，使其成为可持续发展的产业。对转型期的中国城市而言，文化产业集聚既可以有效地突破传统产业的发展瓶颈，实现产业转型与产业升级，又能提升城市的文化品位和竞争力。那么，影响中国文化产业集聚的因素有哪些，其作用方向和强度如何？研究这一问题有明确的现实意义和政策价值。

研究文化产业集聚决定因素的已有文献主要分为两类。一类文献基于经济理论和具体案例进行定性分析。陈倩倩和王缉慈（2005）以音乐产业为例，提出文化创意产业集群发展的条件包括产业发展环境、企业合作网络、销售系统及消费市场、技术能力、知识产权保护系统等。苏雪串（2012）指出，文化产业集聚于城市，是为了利用显著的外部经济效应，而外部经济效应的发挥，与文化产业的生产和组织柔性较高，具有寡头市场结构，注重员工及企业间的相互学习等特征密不可分。付永萍和曹如中

（2013）分析国内外创意产业集聚区案例后提出，创意产业集聚的动力主要源于集聚所带来的促进效应和品牌效应。

另一类文献通过统计学和计量经济学方法，定量考察文化产业集聚的决定因素。袁海（2010）利用2005—2008年省级面板数据，计量分析后发现政府的财政支持、文化消费需求、文化企业数量、人力资本水平、城市化等对文化产业集聚有正向影响，沿海区位与文化资源禀赋也有利于文化产业集聚。戴钰（2013）利用主成分分析和因子分析，发现影响湖南省文化产业集聚的主要因子是需求因子、政策因子和文化环境因子。肖博华和李忠斌（2013）利用2004—2010年8个少数民族省份的数据，通过回归分析证实了城市化、教育和科研等因素对文化产业集聚存在正向影响。张惠丽等（2014）借助ISM模型分析西安市文化产业集群，结果表明市场需求、市场价格、集群企业内部创新能力和融资能力是影响文化产业集群发展的关键因素。

从现有文献来看，对文化产业集聚决定因素的定量研究大多借助省级数据展开，利用城市样本的定量研究极为缺乏，个别针对某特定城市的定量研究由于样本量过小也缺乏说服力。事实上，由于城市在省域发展中具有明显的政治、经济、文化优势，城市层面的文化产业集聚理应得到更多的关注。

鉴于此，本章在理论分析基础上利用2003—2011年中国35个大中城市数据，考察文化产业集聚的决定因素。较大样本的数据不仅增强了结论的说服力，也有利于捕捉决定因素的区域差异。此外，本章特别关注政府实施的产业政策如何影响文化产业集聚。

第二节　理论分析

文化产业具有产业和文化双重属性，因而其集聚的决定因素较为多元。

从产业属性来看，文化产业集聚与一般产业集聚类似，受要素禀赋、规模经济和知识溢出等因素的制约。从文化属性来看，文化产业的资产主要为知识产权、品牌价值等无形资产，因此，其集聚又具有自身的特点，更为依赖人力资本、制度环境等因素。结合已有研究文献，本章认为，文化产业集聚的决定因素主要包括城市需求、资源禀赋、空间外部性、基础设施和产业政策五个方面，如图5-1所示。

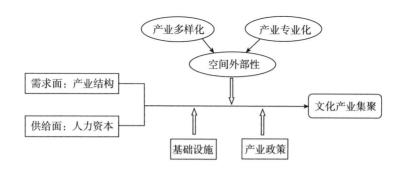

图5-1 文化产业集聚机制的概念模型

资料来源：笔者绘制。

第一，城市需求因素。市场需求是某一产业得以形成、发展的根本原因。市场决定了分工的规模（亚当·斯密，2003），城市对文化产业的市场需求是吸引文化产业集聚的基本动力。城市对文化产业需求的强弱，与城市的产业结构密切相关。正如配第一克拉克定理所描述的，当国民收入水平进一步提高时，第三产业国民收入和就业的相对比重开始上升。当城市经济中生活性服务业比重越大，意味着城市中的人们越注重闲适、娱乐、艺术等精神层面的享受，这就给文化产业的集聚创造了需求环境。

第二，资源禀赋因素。在制造业集聚过程中，自然资源被视为"第一自然"的集聚动力（Ottaviano and Thisse，2004）。对服务业尤其是文化产业的集聚而言，资源禀赋的含义更为广泛。人力资本是城市最重要的资源禀赋。城市充足的人力资本存量，不仅提供了专业劳动力市场、知识溢出等集聚动力（Marshall，1920），也给高度依赖创意、灵感、知识要素的文化产业提供了智力支持。另外，城市所具有的独特区位、悠久的历史文化积淀，都是吸引文化产业集聚的资源禀赋优势。

第三，空间外部性因素。城市所具有的空间外部性也可能成为文化产业集聚的原因，这在以往的研究中并未受到重视。城市经济学中的空间外部性：一是指城市中产业的专业化程度越高，越有利于产业的创新和经济增长，即存在"本地化经济"（Marshall，1920）；二是指城市产业的多样化程度越高，就越有利于促进知识的传播及经济活动的交往，也越有利于城市的经济增长，即存在"城市化经济"（Jacbos，1969）。空间外部性作用于文化产业集聚的机制在于城市的产业专业化、产业多样化生产会提高生产率，而城市生产率的提高可能会进一步吸引文化产业进入。此外，城市的多样化生产，容易形成不同产业间的交流、学习和融合，这也是文化产业发展所需要的（格莱泽，2012）。

第四，基础设施因素。城市有助于共享许多不可分的公共物品和生产设施。城市的基础设施所具有的"大的不可分性"，会产生城市层次的收益递增（Mills，1967；Starrett，1978）。格莱泽（2012）对伦敦戏剧业的案例研究也表明，剧院、剧场等文化基础设施对文化产业的集聚非常重要。而城市的交通、通信、金融等基础设施，不仅降低了文化企业的生产成本和交易成本，也通过产业联动促进了文化产业链的完善，推动了文化产业与相关产业融合发展。

第五，产业政策因素。文化产业集聚离不开产业政策的支持。城市政府的文化产业政策，包含人才、产业、财税等一系列内容。健全的、科学的政策法规能为文化产业发展提供良好的制度环境，以发挥政策引导、扶持以及保障作用。同时，城市政府行为也可能使文化产业集聚动力不足，或使文化产业集群过早衰退。

研究假说5-1：城市的产业结构、资源禀赋、基础设施是影响文化产业集聚的基本因素，空间外部性的发挥也会吸引文化产业集聚，而产业政策对文化产业集聚有导向性作用。

第三节 研究设计

一、模型设定

为验证研究假说5-1，需进行计量经济学分析。根据理论分析，构建的回归模型如下：

$$LQ_{it} = \beta_0 + \beta_1 struc_{it} + \beta_2 human_{it} + \beta_3 SE_{it} + \beta_4 infra_{it} + \beta_5 policy_{it} + \mu_i + \varepsilon_{it}$$

$$(5-1)$$

式（5-1）中，i 和 t 分别为城市和时期，LQ 表示文化产业集聚，$struc$ 表示城市产业结构，$human$ 表示城市人力资本存量，SE 表示城市的空间外部性，$infra$ 表示城市的基础设施，$policy$ 表示城市政府的产业政策，μ 表示城市固定效应，ε 为随机误差项，$\beta_0 \sim \beta_5$ 为待估计系数。

二、变量选择

被解释变量文化产业集聚用文化产业的区位熵来表示。区位熵的计算详见本书第二章第二节。式中涉及的文化产业规模，用文化、体育和娱乐业从业人员数衡量。按《国民经济行业分类》（GB/T4754-2002），文化、体育和娱乐业门类涵盖以下五个大类：新闻出版业，广播、电视、电影和音像业，文化艺术业，体育，娱乐业。可见，这一统计口径与《文化及相关产业分类（2012）》中的文化服务业统计口径高度契合。因此，文化、体育和娱乐业从业人员数可作为文化产业就业水平的衡量指标。

产业结构用城市第三产业增加值占生产总值的比重表示。该指标反映城市经济的服务化程度。服务化程度越高，城市相对会越注重文化产业消费，市场需求进而会吸引文化产业集聚。

人力资本用城市每万人中的高等学校在校生数表示。限于数据可获得性，基于中国宏观数据的研究一直无法很好地度量人力资本，这里借鉴国外学者在面临数据约束下的通常做法（Heckman，2005），用高校学生数作为人力资本的代理变量。

空间外部性用城市的产业专业化和产业多样化指标表示。Duranton 和 Puga（2000）提出，城市的产业专业化、产业多样化水平可分别以相对专业化指数、相对多样化指数衡量。相对专业化指数为：

$$RZI_i = \max(s_{ij}/s_j) \tag{5-2}$$

相对多样化指数为：

$$RDI_i = 1/\sum_j |s_{ij} - s_j| \tag{5-3}$$

式（5-2）和式（5-3）中，s_{ij} 为 j 产业在 i 城市的就业份额，s_j 为 j 产业在全国的就业份额。行业在城市的就业份额基于《中国城市统计年鉴》中 19 个行业门类就业数据计算。

产业政策用科学和教育支出占城市政府财政支出的比重表示。科教投入与文化产业发展密切相关，因此，科教支出比重可衡量政府对文化产业的支持力度，是文化产业政策较好的代理变量。

基础设施用城市每万人拥有的公交车数量表示。城市的基础设施涉及交通、通信、金融等领域，为避免多个基础设施指标间的多重共线性，选取最基本的交通基础设施指标。

三、数据来源和描述性统计

回归分析基于 2003—2011 年中国 35 个大中城市数据[①]，来源为历年《中国城市统计年鉴》和《中国统计年鉴》。35 个大中城市为直辖市、省会

---

① 35 个大中城市为北京、天津、石家庄、太原、呼和浩特、沈阳、大连、长春、哈尔滨、上海、南京、杭州、宁波、合肥、福州、厦门、南昌、济南、青岛、郑州、武汉、长沙、广州、深圳、南宁、海口、重庆、成都、贵阳、昆明、西安、兰州、西宁、银川、乌鲁木齐。

城市或副省级城市，在区域文化产业发展中处于核心地位，因而具有代表性。考虑到中国城市通常下辖农村地区，若采用全市口径的统计数据，将低估文化产业的集聚程度，因此选择各市的市辖区口径数据。

需要说明的是，本章研究的文化产业仅限于文化服务业。按国家统计局颁布的《文化及相关产业分类（2012）》，文化产业分为10大类：新闻出版发行服务、广播电视电影服务、文化艺术服务、文化信息传输服务、文化创意和设计服务、文化休闲娱乐服务、工艺美术品的生产、文化产品生产的辅助生产、文化用品的生产、文化专用设备的生产。其中，前6类为文化服务业，后4类为文化制造业。这里排除了文化制造业，原因有二：一是中国缺乏文化制造业统计，使数据难以获得；二是在所选城市中，文化服务业是文化产业发展的主要领域，从"代工"起步和成长的文化制造业的重要性日渐式微（顾乃华、夏杰长，2007）。

利用2003—2011年中国35个大中城市数据测算上述变量，结果的描述性统计如表5-1所示。考虑到中国区域间经济发展水平差异显著，文化产业集聚及其决定因素也可能存在区域间差异，因此将全样本按东、中、西部区域划分，其中，东部城市16个，中部城市8个，西部城市11个。

表5-1 主要变量的描述性统计

名称	量纲	观测值	均值				标准差	最小值	最大值
			全样本	东部	中部	西部			
集聚水平	—	315	1.60	1.34	1.94	1.74	0.65	0.51	3.99
产业结构	%	315	53.43	53.10	51.79	55.10	8.02	37.95	78.66
人力资本	人/万人	315	898.03	678.58	1236.5	692.29	448.41	42.58	2312.45
产业专业化	—	315	2.77	2.78	2.58	2.90	1.04	1.58	11.50
产业多样化	—	315	2.64	2.45	3.07	2.59	0.77	0.04	5.07
基础设施	辆/万人	315	14.38	17.63	11.13	12.01	14.25	4.16	115.00
产业政策	%	315	14.99	16.02	13.75	14.41	4.52	7.01	59.65

资料来源：历年《中国统计年鉴》《中国城市统计年鉴》以及笔者计算。

比较东部、中部、西部城市样本均值，不难发现，与区域间经济发展水平不同，文化产业集聚并未表现出由东到西逐渐递减的特征。东部城市文化产业区位熵的均值为 1.34，而中部、西部城市该指标分别为 1.94、1.74，表明东部城市文化产业集聚并不具备优势，这与赵星等（2014）基于 GDP 的供给视角得出的区位熵测算结果接近。这一现象可解释如下：与东部相比，中西部城市间发展水平差异极大，区域中心城市所具有的政治优势、经济优势、文化教育优势等，更容易吸引文化产业集聚。反之，东部的区域一体化程度较高，长三角等城市群内部存在增长收敛（张学良，2010），区域中心城市对文化产业的吸引力相对较小。这一解释同样适用于产业结构、人力资本变量所表现出的区域间差异。

空间外部性方面，东部城市的专业化水平高于中部城市，但低于西部城市；而东部城市的多样化水平最低。在基础设施和产业政策方面，东部城市均强于中部、西部城市，这与其经济发展水平相符。

为避免参数估计中的异方差问题，对人力资本数据作对数化处理。

第四节　回归结果及分析

一、全样本估计

对面板数据进行参数估计前，需在固定效应和随机效应间作出选择。Hausman 检验值为 153.04，且 p 值为 0.0000，结果强烈拒绝"固定效应估计与随机变量估计的系数不存在系统性差异"的原假设，表明应当进行固定效应估计。表 5-2 报告了对 35 个大中城市的全样本估计结果。采用逐步添加解释变量的分步估计法，表 5-2 的第（1）~第（6）列逐步引入产业结构、人力资本、产业多样化、产业专业化、产业政策和基础设施等变量，第（6）列同时包括了所有解释变量。

表 5-2 文化产业集聚的决定因素：全样本估计

	（1）	（2）	（3）	（4）	（5）	（6）
常数项	0.876***	0.493	−0.042	−0.074	−0.080	−0.077
	（4.35）	（1.33）	（−0.11）	（−0.18）	（−0.19）	（−0.19）
产业结构	0.014***	0.012***	0.013***	0.013***	0.013***	0.013***
	（3.63）	（2.96）	（3.26）	（3.25）	（3.22）	（3.21）
人力资本		0.072	0.103*	0.103*	0.104*	0.103*
		（1.23）	（1.77）	（1.77）	（1.75）	（1.71）
产业多样化			0.103***	0.106***	0.106***	0.106***
			（3.26）	（3.26）	（3.25）	（3.24）
产业专业化				0.009	0.009	0.009
				（0.39）	（0.39）	（0.39）
产业政策					−0.000	−0.000
					（−0.10）	（−0.10）
基础设施						0.000
						（0.09）
城市固定效应	Y	Y	Y	Y	Y	Y
R^2	0.37	0.46	0.42	0.44	0.44	0.44
F 统计值	13.16	7.35	8.61	6.48	5.17	4.29
观测值	315	315	315	315	315	315

注：括号内为 t 检验值，*、**、***分别表示在 10%、5%、1%的显著性水平上显著。
资料来源：笔者计算。

这里基于第（6）列的估计结果，分析文化产业集聚的决定因素。产业结构的估计系数为 0.013，且在 1%水平上显著，说明城市的产业结构服务化确实增加了城市对于文化产品的需求，进而吸引文化产业集聚。人力资本的估计系数为 0.103，且在 10%水平上显著，表明人力资本作为城市最重要的资源禀赋，为文化产业集聚提供了专业劳动力市场、知识溢出和智力支持（Marshall，1920）。产业多样化的估计系数为 0.106，且在 1%水平上显著，验证了"城市化经济"的存在（Jacbos，1969），城市的多样化提高生产率，进而吸引文化产业进入。与此相对应的是，产业专业化的估计系数在全样本估计中并不显著。

此外，产业政策的估计系数为负且不显著，表明城市促进文化产业集聚的政策，并没有表现出积极效应。这可能与城市文化产业政策的"一刀切"和低效率有关，应当重视对政策绩效的评估和反思。基础设施的估计系数为正但不显著，表明城市基础设施在降低文化企业的交易成本、以产业联动促进文化产业链升级方面的作用有待加强。由此，研究假说5-1得到了部分证实。

二、分区域估计

中国区域间经济发展水平差异显著，文化产业集聚的决定因素也存在区域差异。表5-3中的第（1）～第（3）列分别报告了东部、中部、西部城市的估计结果。

与全样本估计结果相比，部分变量的分区域样本估计结果表现出区域差异。产业结构的估计系数只在西部城市显著为正，东部、中部城市为正但不显著。西部城市的产业结构服务化意味着城市相对于工业品需求和工业发展，更加注重文化产品需求和城市文化品位的提升，这一转变所带来的文化产业集聚效应更为强烈。类似地，人力资本的估计系数只在西部城市显著为正，东部、中部城市不显著；产业政策的估计系数在西部城市显著为正，这与全样本结果迥异。人力资本和产业政策促进了西部城市的文化产业集聚，说明在经济欠发达地区，要发展文化产业，尤其要重视人力资本积累，并加大对科教事业的政策倾斜。

表5-3　文化产业集聚的决定因素：分地区样本估计

	（1）	（2）	（3）
	东部	中部	西部
常数项	0.845	-2.484	-1.380**
	(1.48)	(-1.51)	(-2.53)

续表

	（1）	（2）	（3）
	东部	中部	西部
产业结构	0.003	0.019	0.020***
	（0.69）	（1.36）	（3.20）
人力资本	0.031	0.259	0.138**
	（0.31）	（1.00）	（2.15）
产业多样化	0.125***	0.173*	0.051
	（2.94）	（1.88）	（1.35）
产业专业化	−0.052***	0.580***	0.246***
	（−2.99）	（5.54）	（3.35）
产业政策	−0.002	0.004	0.019***
	（−0.67）	（0.35）	（3.00）
基础设施	−0.000	−0.044	0.002
	（−0.17）	（−1.38）	（0.20）
城市固定效应	Y	Y	Y
R^2	0.05	0.26	0.50
F 统计值	4.65	7.42	8.41
观测值	144	72	99

注：括号内为 t 检验值，*、**、***分别表示在10%、5%、1%的显著性水平上显著。

资料来源：笔者计算。

城市的空间外部性在三大区域间影响不同。产业多样化在东部、中部城市的估计系数显著为正，而在西部城市不显著，表明"城市化经济"对文化产业集聚的影响，更多存在于东部、中部地区。与全样本情形不同，产业专业化的估计系数在三大区域城市都显著，其中在东部城市显著为负，在中部、西部城市显著为正；由此可见，该指标在东部和中西部都有不同的作用方向，在全样本情形下系数不显著。东部城市的专业化生产不利于文化产业集聚，这可能与东部城市在城市群中有明确分工的"路径依赖"有关（Martin and Sunley，2006）；而中部、西部城市专业化生产的"本地化经济"效应则会吸引文化企业进入。

与全样本情形相同，基础设施的估计系数在分区域样本估计中仍不显著。

三、稳健性检验

为验证上述计量结果的可靠性，有必要进行稳健性检验。稳健性检验的方法通常包括变换样本范围、选择不同解释变量、变化参数取值等，此处的稳健性检验用其他解释变量替代原解释变量。表5-4中，第（1）列用滞后一期的产业结构替代当期的产业结构。考虑到产业结构与文化产业集聚之间可能存在互为因果所导致的内生性，即产业结构的服务化促进了文化产业集聚，而文化产业集聚也会提高城市产业结构的服务化程度。因此，第（1）列同时也检验了可能存在的内生性。据此可认为全样本估计结果是稳健的，且不存在较强的内生性。

第（2）列则参照范剑勇（2006）的做法，改用每万人中的高等学校教师数衡量人力资本。估计结果表明，解释变量系数的符号和显著性没有发生改变，因此全样本估计结果是稳健的。

表5-4　文化产业集聚的决定因素：稳健性检验

	（1）	（2）
	变换产业结构	变换人力资本
常数项	0.278	0.213
	(0.85)	(0.71)
产业结构	0.013***	0.013***
	(3.09)	(3.40)
人力资本	0.107*	0.091*
	(1.79)	(1.65)
产业多样化	0.087***	0.105***
	(2.59)	(3.21)
产业专业化	0.006	0.007
	(0.26)	(0.31)

续表

	（1）	（2）
	变换产业结构	变换人力资本
产业政策	−0.001	0.000
	（−0.31）	（0.09）
基础设施	−0.000	0.000
	（−0.07）	（0.18）
城市固定效应	Y	Y
R²	0.49	0.45
F统计值	3.20	4.26
观测值	280	315

注：括号内为 t 检验值，＊、＊＊、＊＊＊分别表示在10%、5%、1%的显著性水平上显著。

资料来源：笔者计算。

第五节　小结

文化产业集聚可促进城市产业转型升级，也有助于提升城市的文化品位和竞争力。在理论分析基础上，利用2003—2011年中国35个大中城市数据，考察文化产业集聚的决定因素。结果表明，各因素对文化产业集聚的影响存在区域差异：产业结构、人力资本、产业政策促进了西部城市的文化产业集聚，但对东部、中部城市影响不显著；产业多样化对东部、中部城市文化产业集聚有正向影响，对西部城市影响不显著；产业专业化抑制了东部城市的文化产业集聚，促进了中部、西部城市文化产业集聚；基础设施对文化产业集聚没有显著影响。

第六章 科技服务业集聚与工业效率

第一节 引言

改革开放以来，工业化在中国经济高速增长中扮演着重要角色，但工业长期具有粗放式发展的特征，其生产效率有待提升（卢福财、徐斌，2018）。当前在中国经济向高质量发展转型的背景下，工业效率的提升成为更加紧迫的现实问题。本章试图证明，推动科技服务业的空间集聚是提升工业效率的一个有效途径。科技服务业集聚能够产生外部规模经济，表现为经济关联、知识关联等形式，有助于发挥科技服务业科技含量高、创新资源密集、行业附加值大、带动作用强和辐射范围广等优势，并推动科技研发和工业生产的结合，从而促进工业效率提升。

现有文献对科技服务业集聚的研究，广泛涉及模式、成因和潜在影响等问题。一是科技服务业集聚的模式。Nachum 和 Keeble（俞彤晖，2018）基于网络理论提出，知识密集型服务业（KIBS）集聚区主要集中在能够提供全球网络机会的大都市。以江苏为例，梅强和赵晓伟（2009）指出科技服务业集聚具有产业集聚、空间集约和高效连通的特点。张清正和李国平（2015）发现，中国大部分地区科技服务业集聚水平较低，且东部、中部地区科技服务业的集聚水平高于东北、西北和西南地区。刘媛等（2016）提出，科技服务业集聚区的五大典型模式包括专业技术服务业集聚、以园区为载体的集聚、科技资源的集聚、块状经济类集聚和老城区集聚。谢泗薪和侯蒙（2017）认为，科技服务业集聚式发展要经历初期诞生、中期链式发展到成熟的网络化发展三个阶段。巫孝君（2018）选取2012—2015年四川省数据，提出了协同视域下的"政策—区域—产业—资源"四位一体的科技服务业集聚发展模式。廖晓东等（2018）基于1997—2013年的省际数据，发现中国科技服务业集聚程度不断提升，且东部集聚水平远高于西部。

二是科技服务业集聚的成因。Gallouj和Moulaert（1993）认为，高端技术、先进知识和企业间的联系对KIBS的集聚水平有明显促进作用。Corrocher和Cusmano（2009）以意大利伦巴第为例，指出科技服务业的集聚方式和发展特点与集群类型有关。钟小平（2014）基于2012年广东科技服务业重点园区的企业问卷数据，发现集聚租、政策租都是科技服务业集聚的原因。张清正（2015）基于2012年城市数据进行实证分析，发现知识溢出、信息化、城市规模和政府政策有利于科技服务业集聚。张清正和李国平（2015）利用1995—2013年中国省际数据，证实规模经济、科技实力、知识溢出及政府行为等对科技服务业集聚存在显著影响。林宏杰（2018）利用2001—2016年福建9个地市数据，实证分析表明隐性知识溢出、城市规模、政府行为和FDI是科技服务业集聚的主要决定因素。

三是科技服务业集聚的潜在影响。主要从以下三个视角进行：第一，科技服务业集聚与经济增长。俞彤晖（2018）利用2003—2016年的省际数据，发现科技服务业集聚与地区劳动生产率之间存在非线性关系。谢臻和卜伟（2018）研究1985—2016年北京市时间序列数据，得出科技服务业集聚和经济增长之间存在较稳定的正向关系。第二，科技服务业集聚与创新。李晓龙等（2017）对2005—2014年省际高技术产业数据的分析表明，科技服务业集聚显著提升了创新效率，且这种影响存在空间溢出效应。朱文涛和顾乃华（2017）利用2009—2015年的省际数据，发现科技服务业集聚能显著提升本省的创新水平，但会抑制邻近省份的创新水平。第三，科技服务业集聚与工业（制造业）发展。张琴等（2015）从知识外溢效应、竞争效应及产业协同效应 3 个方面分析科技服务业集聚促进制造业升级的机理，并利用 2003—2016 年北京、上海、广东和江苏四省市的数据予以证实。司增绰和张亚男（2017）基于 2005—2014 年江苏省 13 个地级市数据，指出科技服务业集聚能促进制造业发展并优化制造业产业结构。齐芮和祁明（2018）利用 2003—2015 年城市数据，发现科技服务业集聚对工业效率提升具有明显的促进作用，并对周围城市的工业效率产生空间溢出。

上述文献深化了学界对科技服务业集聚的认识，但仍存在两点不足：一是在理论维度，科技服务业集聚影响工业效率的机制尚不明确，有待进一步探索。二是科技服务业集聚影响工业效率的实证研究也非常缺乏，需要更多的因果推断分析。基于以上认识，本章将构建概念模型来刻画科技服务业集聚影响工业效率的理论机制，并分别采用全国层面上 2008—2016 年的省份数据，以及 2000—2017 年关中平原城市群和成渝城市群城市数据进行实证检验。

与现有文献相比，本章有以下可能的边际贡献：第一，从外部规模经济视角构建理论模型，说明科技服务业集聚对工业效率的影响机制。第二，基于省级数据的回归分析证实科技服务业集聚会显著提升工业效率，这种影响是线性的且主要存在于东部地区，但缺乏空间溢出效应。第三，由于关中平原城市群成立时间较短，相关研究极为缺乏，本章为关中平原城市群研究提供了新的实证文献。

第二节　理论分析

科技服务业的空间集聚有利于其自身的发展。理论上，科技服务业集聚的动力是追求外部规模经济。外部规模经济既包括专业劳动力市场、中间投入共享、知识溢出等马歇尔来源（Marshall，1920），也包括新经济地理学所强调的市场规模（Krugman，1991a）。上述四类因素分别侧重人（劳动）、物（原材料、产成品）、技术（知识）等基本生产要素，构成了一个完整的解释框架（Kolko，2010）。

进一步地，科技服务业集聚所产生的外部规模经济可能提升工业效率，具体包括经济关联、知识关联两种机制。在 Fujita 和 Mori（2005）看来，专业劳动力市场、中间投入共享和市场规模等因素可以视为经济关联，泛指一切传统经济活动所产生的集聚力；而知识溢出则是知识关联，特指知识、技术的交流与外溢所产生的益处。

作为一种高端的生产性服务业，科技服务业一般会嵌入工业生产的某些环节，向其供应科技服务这一生产要素。由此，科技服务业与工业形成上下游关系。科技服务业的空间集聚能产生较强的经济关联从而提升工业效率，这表现在两个方面：一方面，经济关联表现为竞争效应。科技服务业企业集聚在同一区域时，彼此存在相互竞争，这种竞争鞭策着企业不断创新以提高自身生产率（Porter，1998）。同时，竞争迫使科技服务业企业向工业企业提供"物美价廉"的科技服务，并及时调整服务内容以配合工业企业的需求变化。另一方面，经济关联表现为信任效应。工业企业通过观察和比较集聚区域内的科技服务业企业，能有效缓解信息不对称导致的逆向选择问题，从而识别值得信任的上游供应商。一旦工业企业与科技服务业企业建立合作关系，即使在契约执行环节产生商业纠纷，也易于通过友好协商来解决（龙小宁等，2015）。这种信任效应节省了工业企业的搜寻、谈判和监督等交易费用，进而提升其生产效率。

科技服务业集聚还通过知识关联提升工业效率。工业效率的提升离不开技术进步，为实现技术进步，工业企业通常直接购买科技服务。但是，凝结在科技服务中的往往是可编码的显性知识，而更加重要的隐性知识则具有本地化特征（Berliant and Fujita，2008），很难从科技服务业转移到工业企业。科技服务业的空间集聚则会形成非正式的知识交换场所，有效克服了隐性知识的空间局限性，大大降低了其转移的壁垒。只要工业企业进入科技服务业集聚区域，就能通过不经意的接触和交流，获得科技服务业企业的隐性知识。这些隐性知识不仅有助于扩充工业企业在研发设计、工艺技术、市场营销和组织管理等方面的知识存量，还促进了新知识的创造和积累（Baptista and Swann，1998），这将极大地提升工业效率。对那些生产知识密集型产品的工业企业而言，从科技服务业集聚中获得隐性知识尤为重要。图6-1展示了上述影响机制。

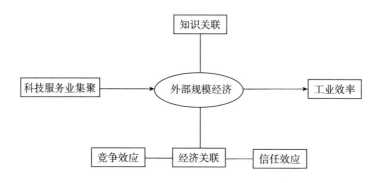

图6-1　科技服务业集聚影响工业效率的理论机制

资料来源：笔者绘制。

　　江苏的实践有助于理解科技服务业与工业效率的因果关系。作为中国工业最发达的省份之一，江苏正处于工业大省向工业强省转变的关键时期，对 R&D、专业化技术、知识产权、科技信息和科技金融等各类科技服务存在巨大的市场需求。与北京、上海等科技服务业发达地区相比，江苏的科技服务业有着广阔的发展空间。科技服务业在江苏省内不同区域间分布并不均匀，呈现出集聚发展态势。全省科技服务收入的 76.6% 来自苏南，其中南京的科技服务机构、人员数量均占全省比重的 20% 左右。在江苏省各城市内部，科技服务业也并非均匀分布，而是集聚在科技服务业特色基地（示范区）等各类载体。截至 2018 年底，江苏全省的科技服务业特色基地（示范区）达 20 家，集聚服务机构达 1339 家，拥有专职服务人员 1.8 万人，年实现科技服务收入 70 亿元。①科技服务业集聚创造的外部规模经济，不仅促进了江苏科技服务业本身的发展，更重要的是实现了科技与工业的融合，

----

① 数据来源：http：//www. js. xinhuanet. com/2019-03-06/c_ 1124197491. htm.

从经济关联、知识关联等渠道发挥科技服务业对工业的支撑和溢出作用，有效提升了工业效率，有利于江苏工业的又好又快发展。综上所述，提出本章的研究假说。

研究假说6-1：科技服务业集聚能产生外部规模经济，进而提升工业效率。

第三节　全国层面的实证分析

一、研究设计

1. 模型设定

为验证本章的研究假说6-1，构建以下基准回归模型：

$$ip_{it} = \alpha_0 + \alpha_1 sa_{it-1} + \alpha_2 X_{it} + \mu_i + \zeta_t + \varepsilon_{it} \tag{6-1}$$

式（6-1）中，ip 为工业效率，sa 为科技服务业集聚，X 为影响工业效率的一系列控制变量，μ 为省份固定效应，ζ 为年份固定效应，ε 为随机误差项，i 和 t 分别表示省份和年份，$\alpha_0 \sim \alpha_2$ 为待估的参数向量。考虑到科技服务业集聚对工业效率的影响可能存在时滞性，式中将核心解释变量滞后一期，这种处理也能缓解反向因果导致的内生性问题。

科技服务业的过度集聚可能导致拥挤成本迅速上升，削弱外部规模经济带来的益处，最终导致集聚的净效应变小甚至为负。因此，科技服务业集聚可能对工业效率存在非线性影响。为检验非线性影响是否存在，以式（6-1）为基础构建门限回归模型。

如仅存在单门限效应，模型表示为：

$$ip_{it} = \beta_0 + \beta_1 sa_{it-1} \times I\ (sa_{it-1} \leqslant \varphi)\ + \beta_2 sa_{it-1} I\ (sa_{it-1} > \varphi)\ + \beta_3 X_{it} + \mu_i + \zeta_t + \varepsilon_{it}$$

$$\tag{6-2}$$

如仅存在双门限效应，模型表示为：

$$ip_{it}=\beta_0+\beta_1 sa_{it-1}\times I\left(sa_{it-1}\leqslant\varphi_1\right)+\beta_2 sa_{it-1}\times I\left(\varphi_1<sa_{it-1}\leqslant\varphi_2\right)+$$

$$\beta_3 sa_{it-1}\times I\left(sa_{it-1}>\varphi_2\right)+\beta_4 X_{it}+\mu_i+\zeta_t+\varepsilon_{it} \tag{6-3}$$

式（6-2）和（6-3）中，I（·）为示性函数，如括号中表达式为真，则取值为 1，否则为 0；φ、φ_1、φ_2 为待估的门限值，$\beta_0\sim\beta_4$ 为待估的参数向量，其余符号含义同式（6-1）。

区域经济活动存在空间相关性，忽略这一因素可能造成参数估计的偏误。为此，以式（6-1）为基础构建如下空间计量模型：

$$ip_{it}=\gamma_1 sa_{it-1}+\gamma_2 X_{it}+\gamma_3 W\times sa_{it-1}+\gamma_4 W\times X_{it}+\rho W\times ip_{it}+\lambda W\times\eta_{it}+\mu_i+\zeta_t+\varepsilon_{it}$$

$$\tag{6-4}$$

式（6-4）中，W 为空间权重矩阵；$\gamma_1\sim\gamma_4$ 为待估的参数向量，其中 γ_3 和 γ_4 分别衡量其他省份的科技服务业集聚和控制变量对本省工业效率的影响；ρ 为空间滞后系数，衡量其他省份的工业效率对本省工业效率的影响；λ 为空间误差系数，衡量影响其他省份工业效率的非观测因素对本省工业效率的影响；η 为随机误差向量；其余符号含义同式（6-1）。有必要指出，式（6-4）为空间计量模型的一般形式。当 $\lambda=0$ 时，为空间杜宾模型（SDM）；当 $\gamma_3=\gamma_4=0$ 时，为空间自相关模型（SAC）；当 $\lambda=\gamma_3=\gamma_4=0$ 时，为空间自回归模型（SAR）。

2. 变量选择

对于被解释变量工业效率，选择工业劳动生产率、工业全要素生产率两种指标加以测量。工业劳动生产率是工业产出与劳动投入之比。工业的产出指标包括增加值、总产值和销售产值等。这里用规模以上工业企业的增加值表示工业产出，并根据工业品出厂价格指数调整为以 2005 年为基期的实际值。劳动投入指标用规模以上工业企业的从业人数来衡量，并对 2012 年的缺失值取均值补齐。

工业全要素生产率计算中涉及的工业产出、劳动投入指标与工业劳动生产率相同。此外，工业全要素生产率计算还涉及资本存量的投入。用"永续盘存法"计算规模以上工业企业的资本存量，步骤如下：以 2005 年固定资产净值作为基期资本存量 K_0；用第 t 年与 $t-1$ 年的固定资产原价之差表示第 t 年新增投资额 I_t，并根据固定资产投资价格指数调整为以 2005 年为基期的实际值；用第 t 年与 $t-1$ 年的累计折旧之差表示本年折旧 Z_t，进而用 Z_t 除以第 $t-1$ 年的固定资产原价，得到第 t 年折旧率 δ_t；依据公式 $K_t = I_t + (1 - \delta_t) K_{t-1}$，计算 2006 年及以后各年的资本存量。最后，基于规模以上工业企业的产出、劳动投入和资本存量数据，用数据包络分析（DEA）法来计算可变规模报酬下的纯技术效率，作为工业全要素生产率的度量。

核心解释变量用科技服务业集聚以区位熵衡量，其计算公式见本书第二章第二节。式中涉及的产业规模用就业来表示："科学研究、技术服务和地质勘查业"单位从业人员数表示科技服务业规模，城镇单位从业人员数表示所有产业的总规模。

为缓解遗漏变量导致的内生性问题，还引入以下控制变量：①工业劳均资本存量，工业劳均资本存量是影响工业效率的核心变量，用规模以上工业企业的资本存量与从业人数之比衡量。②经济发展水平，用各地区人均 GDP 来表示。根据人均 GDP 指数调整为以 2005 年为基期的实际值。③产业结构，用第三产业增加值除以第二产业增加值表示，反映产业结构服务化对工业效率的影响。④贸易依存度，对外贸易为中国工业提供了参与国际市场竞争的机会，有利于企业学习和创新，进而提升生产效率。本章用贸易依存度衡量各地区对外贸易的发展，其计算为按年平均汇率以将美元计价的进出口总额调整为以人民币计价，再除以地区 GDP。⑤政府干预，用地区公共财政支出占地区 GDP 的比重来表示。

3. 数据来源和描述性统计

这里计算了 2008—2016 年中国 31 个省级行政区的科技服务业区位熵。图 6-2 展示了 2008 年和 2016 年的科技服务业区位熵，以直观反映各省科技服务业集聚的特征及趋势。横轴为 2008 年各省科技服务业区位熵，纵轴为 2016 年各省科技服务业区位熵。图中直线为 45 度线，如果图中的点位于 45 度线左上方，说明 2016 年相比 2008 年对应省的科技服务业集聚水平有所上升，点位于 45 度线右下方则说明科技服务业集聚水平有所下降。

科技服务业集聚呈现出较大的省际差异。31 个省级行政区中，有 14 个在 2016 年的科技服务业区位熵大于 1，呈现集聚态势。北京的科技服务业集聚程度最高，其区位熵高达 3.72。紧接着是天津和上海，科技服务业区位熵分别为 1.71 和 1.57。西藏、陕西和青海的科技服务业区位熵均在 1.5 左右，合理的解释是科技服务业具有相当的政府主导特征，其性质较接近于公共服务业，因此，在经济欠发达的西部省份产业结构中比重相对较高，表现出集聚性。此外，四川、甘肃等 8 个省份的科技服务业也较为集聚。

比较 2008 年和 2016 年区位熵的相对大小，可以把握各省科技服务业的变动趋势。31 个省级行政区中，有 13 个位于 45 度线的左上方，其余 18 个则位于 45 度线的右下方。这说明与 2008 年相比，2016 年有少数省份的科技服务业集聚水平上升了，而多数省份的科技服务业集聚水平有所下降。其中，集聚水平上升、下降幅度最大的分别是北京、上海，其区位熵分别变动 0.38 和−0.71。

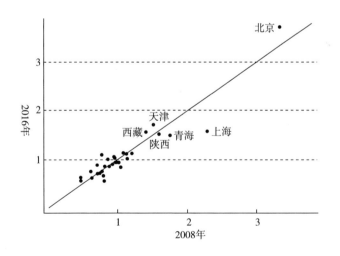

图 6-2 2008 年和 2016 年各省的科技服务业区位熵

资料来源：笔者绘制。

回归中所用样本期为 2008—2016 年，样本个体限定为中国的 30 个省级行政区（西藏因数据缺失严重，不予考虑）。数据来源包括历年《中国统计年鉴》《中国工业经济统计年鉴》《国际统计年鉴》以及部分省统计年鉴。

上述主要变量的描述性统计如表 6-1 所示。为减轻异方差问题，对工业劳动生产率、工业劳均资本存量和经济发展水平作对数化处理。

表 6-1　主要变量的描述性统计

变量	量纲	观测值	平均值	标准差	最小值	最大值
工业劳动生产率（对数）	万元/人	240	3.20	0.29	2.52	3.99
工业全要素生产率	—	240	0.82	0.15	0.45	1.00
科技服务业集聚	—	240	1.06	0.56	0.46	3.75
工业劳均资本存量（对数）	万元/人	240	3.59	0.51	2.42	4.96
经济发展水平（对数）	元/人	240	10.34	0.51	9.00	11.57
产业结构	—	240	1.14	0.34	0.24	2.00
贸易依存度	—	240	0.29	0.34	0.03	1.55
政府干预	—	240	0.24	0.10	0.10	0.63

资料来源：笔者计算。

此外，为直观反映核心解释变量与被解释变量的关系，图 6-3 分别描

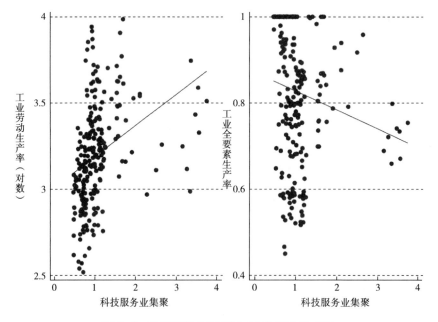

图 6-3　科技服务业集聚与工业效率的散点图

资料来源：笔者绘制。

绘科技服务业集聚与工业劳动生产率、工业全要素生产率的散点图。总体上看，空间集聚与工业劳动生产率间存在正相关，与工业全要素生产率间则存在较强的负相关。但上述关系仅存在于混合截面数据中，将数据按省分组后是否仍成立，有待后文进行的回归分析验证。

二、基准回归

参数估计前，对基准回归模型进行 Hausman 检验，统计值为 39.11，对应的 p 值为 0.00，表明应选择固定效应估计。表 6-2 报告了基准回归的结果。

表 6-2　全国层面的实证分析：基准回归

	（1）	（2）	（3）	（4）	（5）
	工业劳动生产率（对数）	工业劳动生产率（对数）	工业全要素生产率	工业全要素生产率	工业全要素生产率
科技服务业集聚	0.034	0.043*	0.068***	0.065***	0.065***
	(0.75)	(1.89)	(3.81)	(3.10)	(3.36)
工业劳均资本存量（对数）	0.340***	0.193**	−0.048	−0.071	−0.071**
	(3.69)	(2.09)	(−0.68)	(−1.02)	(−1.84)
经济发展水平（对数）	0.574***	−0.315*	0.091	−0.157	−0.157
	(6.55)	(−1.96)	(1.34)	(−0.99)	(−1.75)
产业结构	0.297***	0.431***	0.225***	0.304***	0.304***
	(4.92)	(5.08)	(4.13)	(4.05)	(10.18)
贸易依存度	−0.413***	−0.119	−0.146**	−0.026	−0.026
	(−4.07)	(−1.41)	(−2.64)	(−0.28)	(−0.51)
政府干预	−0.096	−0.680	−0.139	−0.150	−0.150
	(−0.22)	(−1.54)	(−0.61)	(−0.56)	(−0.77)
常数项	−4.187***	5.047***	−0.201	2.235	2.414***
	(−7.03)	(3.35)	(−0.43)	(1.49)	(2.58)

续表

	（1）	（2）	（3）	（4）	（5）
	工业劳动生产率（对数）	工业劳动生产率（对数）	工业全要素生产率	工业全要素生产率	工业全要素生产率
省份固定效应	Y	Y	Y	Y	Y
年份固定效应	N	Y	N	Y	Y
R^2	0.90	0.93	0.45	0.49	—
F 统计值	132.71	105.42	7.99	7.22	—
统计值	240	240	240	240	240

注：＊＊＊、＊＊、＊分别表示在1%、5%、10%的显著性水平上显著，括号内数值为根据聚类稳健标准误计算的 t 统计值。

资料来源：笔者计算。

表6-2 中第（1）列以工业劳动生产率为被解释变量，仅控制省份固定效应后，核心解释变量的系数不显著。第（2）列进一步控制年份固定效应，核心解释变量的估计系数为正，且通过了10%水平的显著性检验。可见科技服务业集聚显著促进了工业劳动生产率的提升。第（3）列的被解释变量换为工业全要素生产率，仅控制省份固定效应后，核心解释变量的系数在1%水平显著为正。第（4）列进一步控制年份固定效应后，核心解释变量的估计系数仍为正，且通过了1%水平的显著性检验。这表明科技服务业集聚提升了工业全要素生产率。考虑到经 DEA 模型计算的工业全要素生产率取值在0到1，是具有明显截断特征的受限因变量，此时采用 OLS 估计的结果可能存在偏误。因此，进一步选择面板 Tobit 模型进行极大似然估计，结果见第（5）列，核心解释变量的系数仍在1%水平显著为正。

上述结果证实了本章的研究假设，即科技服务业集聚促进了工业效率的提升。科技服务业集聚能产生外部规模经济，表现为经济关联（竞争效应、信任效应）和知识关联，这种外部规模经济的存在能有效提升工业效率。

从第（2）和第（4）列结果来看，控制变量中产业结构的系数估计值显著为正，表明产业结构服务化对工业效率有明显促进作用；工业劳均资本存量、经济发展水平仅对工业劳动生产率有显著影响，对工业全要素生产率的影响则不显著；贸易依存度和政府干预的影响不显著。

三、门限回归

基准回归证实科技服务业集聚对工业效率存在正向影响。接下来的问题是，这种影响一定是线性的吗？如果科技服务业持续集聚，拥挤成本的上升可能会削弱外部规模经济，导致集聚的净效应减小甚至为负，这意味着科技服务业集聚对工业效率可能存在非线性影响。对非线性关系的探讨，通常的做法是在模型中引入二次项或者交互项。但在样本量有限时，这往往导致严重的多重共线性问题，影响参数估计的有效性，使结论缺乏可信度。基于这一考虑，这里采用门限回归进行非线性分析，以避免多重共线性对估计结果的干扰。

以核心解释变量作为门限变量，依次估计单门限效应和双门限效应，结果如表6-3所示。以工业劳动生产率为被解释变量时，门限值1、门限值2均未通过显著性检验，可见科技服务业集聚与工业劳动生产率之间并不存在非线性关系。以工业全要生产率为被解释变量的结果与此类似。门限回归表明科技服务业集聚对工业效率仅存在单调的线性影响，并不存在复杂的非线性影响。这是对基准回归结果的有力补充。现有文献强调生产性服务业集聚的非线性影响，即过度集聚可能损害制造业的效率（于斌斌，2017）。但从上述结果看，当前的科技服务业集聚对工业效率尚不存在负的净效应，应当继续提高科技服务业集聚水平以发挥外部规模经济。

表 6-3 全国层面的实证分析：门限回归

	（1）	（2）	（3）	（4）
	工业劳动生产率（对数）	工业劳动生产率（对数）	工业全要素生产率	工业全要素生产率
科技服务业集聚（门限变量）	0.121***	0.216***	0.125***	0.084**
	(3.45)	(4.80)	(4.01)	(2.51)
	0.055***	0.142***	0.087***	0.038
	(2.22)	(3.93)	(3.83)	(1.38)
		0.088***		0.094***
		(3.34)		(4.19)
工业劳均资本存量（对数）	0.191***	0.197***	-0.067	-0.072*
	(3.92)	(4.12)	(-1.60)	(-1.75)
经济发展水平（对数）	-0.335***	-0.292***	-0.125	-0.105
	(-2.96)	(-2.63)	(-1.28)	(-1.09)
产业结构	0.448***	0.441***	0.297***	0.300***
	(11.77)	(11.85)	(9.13)	(9.38)
贸易依存度	-0.103	-0.097	-0.023	-0.063
	(-1.61)	(-1.56)	(-0.42)	(-1.13)
政府干预	-0.676***	-0.711***	-0.175	-0.176
	(-2.76)	(-2.97)	(-0.83)	(-0.85)
常数项	5.968***	5.425***	2.040**	1.890**
	(5.02)	(4.63)	(1.97)	(1.86)
省份固定效应	Y	Y	Y	Y
年份固定效应	Y	Y	Y	Y
门限值1	0.810	0.810	1.700	1.700
	[0.32]	[0.40]	[0.52]	[0.58]
门限值2		1.700		2.280
		[0.18]		[0.23]
R^2	0.93	0.94	0.51	0.53

续表

	(1)	(2)	(3)	(4)
	工业劳动 生产率（对数）	工业劳动 生产率（对数）	工业全要素 生产率	工业全要素 生产率
F 统计值	196.99	193.54	14.60	14.70
观测值	240	240	240	240

注：***、**、*分别表示在1%、5%、10%的显著性水平上显著，小括号内数值为根据聚类稳健标准误计算的 t 统计值，中括号内数值为门限效应检验的 p 值，经 Bootstrap 法抽样 300 次后得到。

资料来源：笔者计算。

四、空间计量分析

基于城市数据的研究指出科技服务业集聚具有空间外溢效应，可能影响周边城市的工业效率（齐芮、祁明，2018）。那么，这一空间外溢效应在省际是否存在，即一省的工业效率会不会受到周边省份科技服务业集聚的影响？基准回归中并未涉及这一问题，这可能造成参数估计的偏误，为此需要对样本进行空间计量分析。

使用空间计量分析的前提是被解释变量存在空间相关性。此处构造邻接的空间权重矩阵，并采用全域 Moran's I 指数测量工业效率的空间相关性，结果如表 6-4 所示。不难发现，工业劳动生产率在绝大多数年份都具有正的空间相关性，而工业全要素生产率仅在 2016 年表现出空间相关性。因此，这里仅以工业劳动生产率为被解释变量进行空间计量分析。

表 6-4 工业效率的空间相关性检验

年份	工业劳动生产率（对数）	工业全要素生产率
2008	0.121*** （2.72）	−0.079 （−0.77）
2009	0.073* （1.89）	−0.025 （0.16）

年份	工业劳动生产率（对数）	工业全要素生产率
2010	0.091** （2.19）	0.045 （1.39）
2011	0.066* （1.76）	0.042 （1.33）
2012	0.086** （2.11）	0.050 （1.46）
2013	0.104** （2.43）	0.010 （0.77）
2014	0.077* （1.95）	0.043 （1.33）
2015	0.057 （1.60）	0.053 （1.51）
2016	−0.000 （−0.60）	0.084** （2.05）

注：***、**、*分别表示在1%、5%、10%的显著性水平上显著，括号内数值为 z 统计值。
资料来源：笔者计算。

　　空间计量分析的结果如表6-5所示。第（1）列为 SAR 模型，其中的空间滞后系数 ρ 的估计系数为负并通过1%水平的显著性检验。说明一省的工业劳动生产率会受到邻近各省工业劳动生产率的负向影响，即工业劳动生产率在各省间存在"虹吸效应"。第（2）列为进一步引入空间误差因素的 SAC 模型。空间误差系数 λ 的估计系数不显著，则表明一省的工业劳动生产率不会受到邻近各省非观测因素的影响。

表 6-5　全国层面的实证分析：空间计量

	（1）	（2）	（3）	（4）
	SAR	SAC	SDM	SDM
科技服务业集聚	0.049**	0.045**	0.049**	0.062***
	（2.25）	（2.13）	（2.24）	（2.85）
ρ	−0.650***	−0.559	−0.640***	−0.760***
	（−3.43）	（−1.19）	（−3.23）	（−3.06）
λ		−0.449		
		（−0.89）		

续表

	（1）	（2）	（3）	（4）
	SAR	SAC	SDM	SDM
W·科技服务业集聚			−0.008	0.057
			（−0.08）	（0.54）
W·工业劳均资本存量（对数）				−0.154
				（−0.12）
W·经济发展水平（对数）				1.013*
				（1.79）
W·产业结构				−0.161
				（−0.82）
W·贸易依存度				−0.239
				（−0.77）
W·政府干预				−0.944
				（−1.00）
工业劳均资本存量（对数）	0.179***	0.168***	0.179***	0.204***
	（4.14）	（4.31）	（4.10）	（4.31）
经济发展水平（对数）	−0.294***	−0.277***	−0.296***	−0.328***
	（−2.96）	（−2.90）	（−2.91）	（−3.10）
产业结构	0.420***	0.412***	0.420***	0.390***
	（12.62）	（12.84）	（12.55）	（11.00）
贸易依存度	−0.124**	−0.121**	−0.124***	−0.167**
	（−2.21）	（−2.18）	（−2.20）	（−2.56）
政府干预	−0.654***	−0.669***	−0.654***	−0.633***
	（−3.03）	（−3.24）	（−3.02）	（−2.89）
省份固定效应	Y	Y	Y	Y
年份固定效应	Y	Y	Y	Y
R^2	0.16	0.18	0.16	0.81

	（1）	（2）	（3）	（4）
	SAR	SAC	SDM	SDM
Log-L 统计值	398.10	396.39	398.13	402.78
观测值	240	240	240	240

注：***、**、* 分别表示在 1%、5%、10% 的显著性水平上显著，括号内数值为根据聚类稳健标准误计算的 t 统计值。

资料来源：笔者计算。

第（3）和第（4）列为 SDM 模型，是在第（1）列基础上加入解释变量的空间溢出。其中第（3）列仅考虑科技服务业集聚的空间溢出，第（4）列则进一步考虑其他控制变量的空间溢出。从结果看，"$W \cdot$ 科技服务业集聚"变量的系数估计值不显著，可见科技服务业集聚并不存在空间溢出效应，一省的工业劳动生产率不会受到邻近各省科技服务业集聚的影响。这一发现与齐芮和祁明（2018）基于城市数据的结论不同，可能的原因是各省之间工业劳动生产率的空间相关性要弱于城市之间，导致科技服务业集聚在省际的空间溢出不明显。

此外，表 6-5 中科技服务业集聚的系数估计值均在 5% 水平上显著为正，可见在考虑空间相互作用后，科技服务业集聚仍显著提升工业效率。这进一步验证了基准回归的结果。

五、分样本回归

科技服务业集聚对工业效率的影响是否存在地区异质性？为回答这一问题，按通常的统计标准将 30 个省级行政区划分为东部、中部、西部三大地区，再对不同地区样本分别应用基准回归，结果如表 6-6 所示。表 6-6 中，以工业劳动生产率为被解释变量时，科技服务业集聚的系数估计值在东部地区为 0.057，且通过了 1% 水平的显著性检验，但在中部和西部地区并不显著。以工业全要素生产率为被解释变量时，科技服务业集聚的系数估计值在东部地区为 0.073 且在 1% 水平上显著，在中部、西部地区仍不显著。

分样本回归表明，科技服务业集聚对工业效率的提升作用主要存在于东部地区。结合前文对江苏科技服务业集聚与工业效率关系的分析，一种合理的解释是，东部地区科技服务业、工业的发展水平整体较高且两大产业的融合程度较好，因此科技服务业集聚所产生的外部规模经济相对于中、西部地区更强，也更易提升工业效率。

表 6-6　全国层面的实证分析：分样本回归

	(1)	(2)	(3)	(4)	(5)	(6)
	东部	中部	西部	东部	中部	西部
科技服务业集聚	0.057***	0.140	−0.013	0.073***	0.015	−0.011
	(4.47)	(1.33)	(−0.21)	(7.90)	(0.15)	(−0.13)
工业劳均资本存量（对数）	−0.309**	0.262	0.247**	−0.139	−0.203*	−0.181**
	(−2.59)	(1.82)	(2.53)	(−1.25)	(−1.97)	(−2.52)
经济发展水平（对数）	−0.028	−1.030*	0.747*	0.165	−0.903**	0.025
	(−0.20)	(−2.13)	(2.13)	(0.67)	(−2.53)	(0.09)
产业结构	0.367***	0.598***	0.422***	0.258*	0.466***	0.298***
	(6.06)	(4.86)	(4.58)	(1.89)	(4.89)	(4.93)
贸易依存度	−0.077	−0.084	−0.174	−0.120	0.004	−0.058
	(−1.45)	(−0.10)	(−1.38)	(−1.57)	(0.01)	(−0.57)
政府干预	−2.310**	−0.103	0.104	−1.695**	0.424	0.442
	(−2.25)	(−0.07)	(0.23)	(−3.06)	(0.33)	(1.81)
常数项	4.073**	11.239**	−5.559	−0.423	9.566**	0.699
	(3.00)	(2.44)	(−1.66)	(−0.17)	(2.83)	(0.27)
省份固定效应	Y	Y	Y	Y	Y	Y
年份固定效应	Y	Y	Y	Y	Y	Y
R^2	0.97	0.91	0.95	0.53	0.78	0.62
观测值	88	64	88	88	64	88

注：***、**、*分别表示在 1%、5%、10% 的显著性水平上显著，括号内数值为根据聚类稳健标准误计算的 t 统计值。

资料来源：笔者计算。

第四节　来自城市群的经验证据

一、两大城市群的科技服务业集聚

进一步地，本章将研究视角转向关中平原城市群、成渝城市群，探讨两大城市群的科技服务业集聚对工业效率的潜在影响。关中平原城市群、成渝城市群作为西部最大的两个城市群，在中国经济版图中占据重要地位。2018年2月，经国务院批准，关中平原城市群建设进入实质性阶段。该城市群突破了传统意义上的"关中城市群""关中—天水"经济区概念，将地理范围扩展至陕西、甘肃、山西三省，是全国重要的装备制造业、高新技术产业和国防科技工业基地。相对而言，成渝城市群发展更早，规模也更为庞大，其电子信息、装备制造和金融等产业实力较为雄厚，具有较强的国际、国内影响力，且人力资源丰富，创新创业环境良好。两大城市群均位于交通枢纽地带，中心城市重庆、成都和西安的引领作用不断加强，城市体系日趋健全。关中平原城市群、成渝城市群互为犄角之势，在竞争和合作中实现快速发展，分别成为西北、西南地区的经济增长极。

两大城市群发展的一个重要优势是，科技服务业集聚程度较高。为数众多的科研院所、高校和科技人才，构成了城市群科技服务业集聚的基础。以关中平原城市群为例，2016年，其拥有普通高校99所，在校大学生超过100万人，两院院士64人，各类科研机构1100多家，国家级重点（工程）实验室25家，国家级"双创"示范基地4家，研发经费投入强度超过3%。① 作为一种高端服务业，科技服务业的集聚能够产

---

① 见《关中平原城市群发展规划》（发改规划〔2018〕220号）。

生明显的外部规模经济：一方面，推动科技服务业自身的规模壮大、效率提升，有利于将知识和技术转化为现实生产力；另一方面，更好地为城市群内其他产业的效率提升提供科技支撑，促进两大城市群的高质量发展。之所以关注工业效率，是因为两大城市群位于欠发达的中国西部，仍处在工业化中期阶段，产业结构中的工业占比很高。如果能通过科技服务业集聚促进工业效率的提升，将对关中平原城市群、成渝城市群有重大的发展意义。

选择以下三个指标，以全面刻画关中平原城市群、成渝城市群科技服务业集聚的特征：用区位基尼系数测量城市群中科技服务业的"整体"空间分布程度；用全域 Moran's I 指数测量城市群中科技服务业的"整体"空间相关性；用区位熵测量城市群中各城市"个体"的科技服务业相对于全国的专业化水平。[①] 上述指标的计算公式见本书第二章第二节、第三章第二节。式中涉及的产业规模用就业来表示："科学研究、技术服务和地质勘查业"单位从业人员数表示科技服务业规模，城镇单位从业人员数表示所有产业的总规模。数据来自历年《中国城市统计年鉴》，样本期为 2000—2017 年。

分别计算两大城市群的区位基尼系数，结果如图 6-4 所示。关中平原城市群的区位基尼系数在 2000 年至 2002 年维持在 0.77 左右，从 2003 年开始下降至 2005 年的 0.67，此后一路波动上升到 2017 年的 0.73。成渝城市群的区位基尼系数一直维持在 0.7 之上，其中 2000 年至 2008 年处于波动下降状态，2009 年以后则持续上升。总体上看，两大城市群科技服务业的区位基尼系数均呈现先降后升的"U"形趋势。两相对照，关中平原城市群的区位基尼系数在大多数年份都低于成渝城市群，表明前者的科技服务业的空间分布程度较后者更加分散。

---

① 限于数据可获得性，此处定义的关中平原城市群包括西安、铜川、宝鸡、咸阳、渭南、商洛、运城、临汾、天水、平凉和庆阳 11 个地级市；成渝城市群则包括直辖市重庆，以及地级市成都、自贡、泸州、德阳、绵阳、遂宁、内江、乐山、南充、眉山、宜宾、广安、达州、雅安和资阳，共 16 个城市。

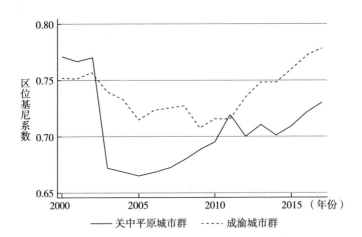

图6-4　两大城市群科技服务业的区位基尼系数

资料来源：笔者绘制。

接下来计算关中平原城市群、成渝城市群科技服务业的全域 Moran's I 指数部分年份的计算结果，如表 6-7 所示。为保证测量结果的稳健性，全域 Moran's I 指数的计算同时引入 3 种常用的空间权重矩阵：0~1 邻接矩阵中，如果两个城市彼此接壤则权重为 1，否则为 0；地理距离权重矩阵以各城市的经纬度坐标确定城市间距离，再以城市间距离的倒数作为权重；经济距离权重矩阵在考虑经纬度坐标的同时，以某一城市样本期 GDP 占城市群样本期 GDP 的比重作为权重。上述空间权重矩阵均作了行标准化处理。

表6-7　两大城市群科技服务业的全域 Moran's I 指数

	空间权重矩阵	2000 年	2003 年	2006 年	2009 年	2012 年	2015 年	2017 年
关中平原城市群	0~1 邻接	-0.100 (0.88)	-0.100 (0.99)	-0.100 (0.91)	-0.100 (0.97)	-0.100 (0.97)	-0.100 (0.90)	-0.100 (0.76)
	反地理距离	-0.139 (0.21)	-0.127 (0.40)	-0.134 (0.29)	-0.127 (0.39)	-0.130 (0.35)	-0.134 (0.28)	-0.133 (0.28)
	经济距离	-0.154 (0.40)	-0.093 (0.93)	-0.117 (0.83)	-0.101 (0.99)	-0.108 (0.91)	-0.123 (0.75)	-0.128 (0.68)

续表

空间权重矩阵		2000 年	2003 年	2006 年	2009 年	2012 年	2015 年	2017 年
成渝城市群	0~1 邻接	−0.067	−0.067	−0.067	−0.067	−0.067	−0.067	−0.067
		(0.94)	(0.99)	(0.93)	(0.94)	(0.97)	(0.75)	—
	反地理距离	−0.089	−0.086	−0.087	−0.088	−0.088	−0.084	−0.079
		(0.59)	(0.65)	(0.61)	(0.60)	(0.60)	(0.66)	(0.70)
	经济距离	−0.057	−0.023	−0.032	−0.033	−0.029	−0.012	−0.003
		(0.97)	(0.86)	(0.89)	(0.89)	(0.88)	(0.81)	(0.74)

注：括号内为 z 统计值的相伴概率。

资料来源：笔者计算。

对于关中平原城市群而言，3 种空间权重矩阵下的全域 Moran's I 指数显著为负，但其 Z 检验值的相伴概率均大于 0.1，说明该指数在统计上并不显著。类似的结果也存在于成渝城市群的全域 Moran's I 指数计算中。由此可知，2000—2017 年关中平原城市群、成渝城市群的科技服务业不存在空间相关性。

将两大城市群中各城市科技服务业的区位熵与成渝城市群相比，关中平原城市群在期初的科技服务业集聚水平较低。2000 年，关中平原城市群中区位熵大于 1 的城市只有西安，其区位熵为 3.24。相应地，成渝城市群在 2000 年有重庆、成都和绵阳 3 个城市的区位熵在 1 以上，数量多于关中平原城市群。

但随着时间推移，两大城市群之间的差距有明显的缩小。2017 年，关中平原城市群的西安、天水两个城市区位熵大于 1，科技服务业处于高集聚状态，与 2000 年相比，其余大部分城市的科技服务业集聚水平也有所上升。反观成渝城市群，2017 年时仅成都、绵阳的科技服务业处于高集聚状态，与 2000 年相比，环绕成都的眉山、德阳和资阳科技服务业集聚程度明显上升，而重庆及其周边的内江、泸州科技服务业集聚程度则有所下降。

二、研究设计

1. 模型设定

为实证检验科技服务业集聚对工业效率的影响，构造以下回归模型：

$$ie_{it} = \alpha_0 + \alpha_1 sa_{it} + \alpha_2 control_{it} + \mu_i + \zeta_t + \varepsilon_{it} \tag{6-5}$$

式（6-5）中，ie 表示工业效率，sa 表示科技服务业集聚，$control$ 表示一系列控制变量，μ 和 ζ 分别表示城市固定效应和年份固定效应，ε 表示随机误差项，i、t 分别表示城市、年份，$\alpha_0 \sim \alpha_2$ 表示待估的参数向量。

2. 变量选择

对于被解释变量工业效率，选择工业劳动生产率、工业全要素生产率两种指标加以测量。工业劳动生产率是工业产出与劳动投入之比。工业产出的指标包括增加值、总产值和销售产值等。用规模以上工业企业的总产值表示工业产出，并根据工业品出厂价格指数调整为以 2000 年为基期的实际值。劳动投入指标用规模以上工业企业的从业人数衡量。

工业全要素生产率计算中涉及的工业产出、劳动投入指标与工业劳动生产率相同。此外，工业全要素生产率计算还涉及资本存量的投入，对此本章用规模以上工业企业的资产总计来衡量，并根据工业品出厂价格指数调整为以 2000 年为基期的实际值。基于规模以上工业企业的产出、劳动投入和资本存量数据，用数据包络分析（DEA）法来计算可变规模报酬下的纯技术效率，作为工业全要素生产率的度量。

核心解释变量科技服务业集聚用区位熵来衡量。

为缓解遗漏变量导致的内生性问题，引入以下控制变量。①工业劳均资本存量：工业劳均资本存量是影响工业效率的核心变量，用规模以上工业企业的资本存量与从业人数之比来衡量。②人均 GDP：衡量城市的经济发展水平，根据人均 GDP 平减指数调整为 2000 年不变价。③政府干预：用地方财政一般预算内支出占 GDP 的比重来表示。④FDI：用实际使用外商直接投资金额占 GDP 比重表示，并按年平均汇率将以美元计价调整为以人民币计价。⑤产业结构：用第二、第三产业增加值占 GDP 的比重表示。

3. 数据来源和描述性统计

回归分析所用样本个体为关中平原城市群、成渝城市群的 27 个城市，样本期为 2000—2017 年。除《中国城市统计年鉴》外，变量的数据来源还包括历年《中国统计年鉴》《中国区域经济统计年鉴》《国际统计年鉴》，以及陕西、甘肃、山西、四川、重庆等省（直辖市）和部分地级城市的统计年鉴。表 6-8 报告了主要变量的描述性统计结果。

表 6-8　主要变量的描述性统计

变量	量纲	观测值		均值		标准差	
		关中平原	成渝	关中平原	成渝	关中平原	成渝
科技服务业集聚	—	198	288	0.93	0.76	0.75	0.76
工业劳动生产率	万元/人	198	288	38.34	48.98	30.85	32.84
工业全要素生产率	—	198	288	0.84	0.89	0.18	0.12
工业劳均资本存量	万元/人	198	288	44.64	44.71	29.30	30.76
人均 GDP	元/人	198·	288	13868.74	15187.92	11206.18	11597.58
政府干预	—	198	288	0.19	0.16	0.10	0.07
FDI	%	164	287	1.37	0.99	4.43	1.48
产业结构	%	193	288	85.61	80.63	6.95	7.82

资料来源：笔者计算。

此外，为直观反映核心解释变量与被解释变量的关系，图 6-5 描绘出两大城市群科技服务业集聚程度与工业效率的散点图。图中科技服务业集聚与工业效率间大都存在正向的线性关系，这一关系在组内是否仍然成立，有待后文进行的回归分析验证。

三、基准回归

回归分析前，对工业劳动生产率、工业劳均资本存量和人均 GDP 变量作对数化处理，以缓解可能存在的异方差问题。Hausman 检验结果表明，此处的面板数据适用固定效应估计。基准回归以工业全要素生产率为被解释变量，分别对关中平原城市群、成渝城市群数据进行回归，结果如表6-9所示。

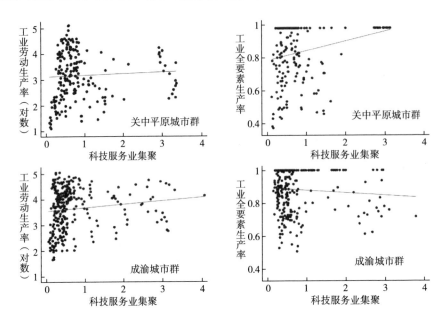

图6-5 科技服务业集聚与工业效率的散点图

资料来源：笔者绘制。

表6-9的第（1）~第（3）列报告了关中平原城市群的基准回归结果。第（1）列仅控制城市固定效应，第（2）列进一步控制了年份固定效应，两列中核心解释变量的估计系数分别为0.122和0.247，且均在5%水平上显著。考虑到经DEA方法计算的工业全要素生产率取值在0到1，属于具有明显截断特征的受限因变量，采用OLS估计的结果可能存在偏误。因此，进一步采用面板Tobit模型进行极大似然估计，结果见第（3）列，核心解释变量的系数仍显著为正。上述结果表明，关中平原城市群的科技服务业集聚提升了工业全要素生产率。

成渝城市群的基准回归结果与关中平原城市群迥异，如表6-9所示第（4）~第（6）列。第（4）列仅控制城市固定效应，第（5）列进一步控制了年份固定效应，两列中核心解释变量的估计系数为正但均不显著。在第（6）列选择面板 Tobit 作极大似然估计，核心解释变量的系数估计值仍不显著。可见，成渝城市群的科技服务业集聚未能提升工业全要素生产率。

综上所述，科技服务业集聚对工业效率的影响在两大城市群中存在差异。关中平原城市群中，科技服务业集聚显著促进了工业全要素生产率的提升，但这一因果关系在成渝城市群中并不显著。限于数据，本章无法进一步解释这种差异的成因，有待后续研究的考察。

表 6-9　来自城市群的经验证据：基准回归

	关中平原城市群			成渝城市群		
	（1）	（2）	（3）	（4）	（5）	（6）
科技服务业集聚	0.122**	0.247**	0.169***	0.043	0.060	0.009
	（2.88）	（2.77）	（3.10）	（0.84）	（1.24）	（0.36）
工业劳均资本存量（对数）	−0.162	−0.140	−0.133**	−0.065	−0.011	−0.040
	（−1.35）	（−0.98）	（−2.19）	（−1.24）	（−0.16）	（−1.43）
人均 GDP（对数）	0.120	0.303*	0.211**	0.009	0.326	0.097
	（1.53）	（2.11）	（2.46）	（0.15）	（1.40）	（1.52）
政府干预	0.538	0.325	0.418	0.069	0.080	0.042
	（0.99）	（0.44）	（1.18）	（0.36）	（0.37）	（0.39）
FDI	0.002	0.002	0.000	−0.003	0.000	−0.005
	（1.35）	（1.13）	（0.17）	（−0.28）	（0.04）	（−0.92）
产业结构	0.059	0.145	0.167	0.056	−0.174	−0.111
	（0.26）	（0.50）	（0.82）	（0.18）	（−0.47）	（−0.61）
常数项	−0.165	−2.190	−1.507	0.755	−1.075	0.696
	（−0.15）	（−1.69）	（−1.48）	（0.72）	（−0.50）	（1.02）
城市固定效应	Y	Y	Y	Y	Y	Y
年份固定效应	N	Y	Y	N	Y	Y
调整 R^2	0.17	0.32		0.07	0.19	
观测值	164	164	164	287	287	287

注：***、**、*分别表示在1%、5%、10%的显著性水平上显著，括号内数值为根据稳健标准误计算的 t 统计值。

资料来源：笔者计算。

四、稳健性检验

1. 工业劳动生产率

基准回归的结论是否稳健，需要进一步的检验。第一个稳健性检验是将基准回归中的被解释变量全要素生产率变换为工业劳动生产率。采用固定效应估计分别对关中平原城市群、成渝城市群数据进行回归，结果如表6-10所示。

关中平原城市群的回归结果如表6-10所示的第（1）和第（2）列。第（1）列仅控制城市固定效应，第（2）列进一步控制了年份固定效应，两列中核心解释变量的估计系数分别为0.352和0.288，且分别在5%和10%水平上显著，表明关中平原城市群的科技服务业集聚提升了工业劳动生产率。结合基准回归结果，可认为科技服务业集聚显著促进了关中平原城市群的工业效率。

表6-10的第（3）和第（4）列报告了成渝城市群的回归结果。无论是仅控制城市固定效应，还是同时控制城市和年份固定效应，科技服务业集聚的估计系数均不显著，可见成渝城市群的科技服务业集聚无助于提升工业劳动生产率。这也印证了基准回归的判断，说明科技服务业集聚对成渝城市群的工业效率缺乏促进作用。

表6-10　来自城市群的经验证据：变换被解释变量

	关中平原城市群		成渝城市群	
	（1）	（2）	（3）	（4）
科技服务业集聚	0.352**	0.288*	0.041	0.042
	(2.70)	(2.02)	(0.64)	(0.60)
工业劳均资本存量（对数）	0.576***	0.738**	0.167*	0.197
	(3.84)	(3.06)	(1.84)	(1.61)
人均GDP（对数）	0.732***	0.327	1.039***	0.960*
	(7.46)	(0.93)	(12.96)	(1.83)

	关中平原城市群		成渝城市群	
	（1）	（2）	（3）	（4）
政府干预	−0.567	−1.431	0.491*	0.351
	（−0.88）	（−1.13）	（1.83）	（1.19）
FDI	−0.006**	−0.004	−0.014*	−0.008
	（−2.95）	（−1.2）	（−1.97）	（−0.55）
产业结构	0.377	0.715	0.026	0.562
	（0.56）	（0.99）	（0.07）	（1.05）
常数项	−7.466**	−5.947	−6.922***	−8.866*
	（−2.56）	（−1.63）	（−4.74）	（−1.85）
城市固定效应	Y	Y	Y	Y
年份固定效应	N	Y	N	Y
调整 R^2	0.94	0.95	0.94	0.97
观测值	164	164	287	287

注：***、**、*分别表示在1%、5%、10%的显著性水平上显著，括号内数值为根据稳健标准误计算的 t 统计值。

资料来源：笔者计算。

2. 剔除首位城市

西安、重庆分别作为关中平原城市群、成渝城市群的首位城市，人口规模远超其他城市，这种"异常值"可能影响参数估计的结果。因此在剔除这两个首位城市后，重新进行固定效应估计，结果如表6-11所示。

表6-11的第（1）和第（2）列为关中平原城市群在剔除西安后的回归结果。第（1）列仅控制城市固定效应，第（2）列进一步控制了年份固定效应，两列中核心解释变量的估计系数分别为0.118和0.281，且均通过5%水平的显著性检验。可见关中平原城市群的科技服务业集聚提升了工业全要素生产率。成渝城市群在剔除重庆后的回归结果如表6-11所示中第（3）和第（4）列。仅控制城市固定效应的第（3）列，以及同时控制城市、年份固定效应的第（4）列都显示，科技服务业集聚的估计系数均不显

著，成渝城市群的科技服务业集聚不能提升工业全要素生产率。上述结果
与基准回归结果类似。

无论是变换被解释变量，还是剔除首位城市，稳健性检验都支持了基
准回归的结果，即科技服务业集聚对工业效率的积极影响仅存在于关中平
原城市群，在成渝城市群中并不显著。

表 6-11 来自城市群的经验证据：变换样本

	关中平原城市群		成渝城市群	
	（1）	（2）	（3）	（4）
科技服务业集聚	0.118**	0.281**	0.055	0.073
	(2.48)	(2.43)	(1.09)	(1.55)
工业劳均资本存量（对数）	−0.173	−0.133	−0.068	−0.013
	(−1.42)	(−0.87)	(−1.29)	(−0.18)
人均 GDP（对数）	0.138	0.323**	0.003	0.322
	(1.50)	(2.31)	(0.06)	(1.41)
政府干预	0.504	0.402	0.091	0.095
	(0.94)	(0.55)	(0.47)	(0.44)
FDI	0.002	0.002	−0.007	−0.002
	(1.50)	(1.10)	(−0.57)	(−0.18)
产业结构	0.044	0.186	0.074	−0.171
	(0.18)	(0.60)	(0.24)	(−0.45)
常数项	−0.190	−2.489	0.720	−1.055
	(−0.18)	(−1.70)	(0.69)	(−0.51)
城市固定效应	Y	Y	Y	Y
年份固定效应	N	Y	N	Y
调整 R^2	0.18	0.34	0.08	0.20
观测值	146	146	269	269

注：***、**、*分别表示在1%、5%、10%的显著性水平上显著，括号内数值为根据稳健
标准误计算的 t 统计值。

资料来源：笔者计算。

第五节　小结

　　本章的理论分析表明，科技服务业集聚产生的外部规模经济会提升工业效率。基于2008—2016年30个省面板数据的实证分析发现：科技服务业集聚显著促进了工业效率提升；科技服务业集聚对工业效率不存在非线性影响；科技服务业集聚的空间溢出效应不显著，但邻近省份间的工业劳动生产率会相互抑制；科技服务业集聚对工业效率的提升作用主要存在于东部地区，在中西部地区并不显著。

　　进一步地，基于2000—2017年关中平原城市群、成渝城市群的城市面板数据，识别科技服务业集聚对工业效率的影响。结果发现：控制了工业劳均资本存量、人均GDP、政府干预、FDI和产业结构等因素后，科技服务业集聚对工业效率的积极影响仅存在于关中平原城市群，在成渝城市群中并不显著；这一结果在变换被解释变量、剔除首位城市的回归中仍然稳健。

第七章 服务业集聚区与企业发展

第一节 引言

改革开放以来，中国陆续建成了经济特区、经济技术开发区、高新技术产业开发区、出口加工区、保税区、边境经济合作区等形式多样、分布广泛的特殊经济区。全球化背景下，通过向企业提供制度红利、基础设施、优惠政策以及产业集聚载体等，特殊经济区有效推动了中国制造业的发展（Demurger et al. , 2002；Wang，2013；黄玖立等，2013；唐诗、包群，2017）。近年来，人口集聚、消费结构和产业结构升级，形成了庞大的服务需求，客观上要求中国加快服务业发展。新形势下，服务业集聚区作为一种新兴的特殊经济区应运而生，开始在中国服务业演进中扮演重要角色。

各级政府日益重视服务业集聚区建设，将其视为推动服务业发展的重要政策工具。国务院于2014年出台指导意见，提出要"因地制宜引导生产性服务业在中心城市、制造业集中区域、现代农业产业基地以及有条件的城镇等区域集聚，实现规模效益和特色发展"。许多省份相继出台省级、市级、县级服务业集聚区的认定办法或发展规划，支持先进的服务业集聚区优先建设、发展。仅以省级服务业集聚区为例，截至2017年底，江苏、安徽的省级服务业集聚区分别达122家、161家，广西也于2018

年成立了首批 38 家省级服务业集聚区，涉及的行业包括金融商务、科技服务、现代物流、文化创意、旅游休闲、软件与信息服务、新型专业市场以及健康养老服务等。在检验检疫检测、知识产权等服务业领域，地方政府积极与中央部委合作共建国家级集聚区，体现出服务业集聚区建设"求高求精"的新趋势。当前的服务业集聚区建设在很大程度上体现了地方政府的意志。新建的各类服务业集聚区，除少量是源于企业在要素禀赋基础上的市场化集聚，大部分则由地方政府在一定产业规模的基础上培育服务业龙头企业而形成，或者直接来自地方政府部门的规划设计（姜长云，2014）。

由于服务业集聚区建设涉及大量财政支出，其经济影响亟待科学评估。从微观层面看，"服务业集聚区能否产生积极的经济影响？"这一问题就落脚在服务业集聚区能否促进企业发展上。本章拟从外部规模经济视角出发，考察服务业集聚区对服务业企业创新、企业绩效①的影响。在对服务业集聚区影响企业创新的分析中，同时考察外部规模经济、全球价值链的双重作用。对服务业企业来说，入驻服务业集聚区意味着融入了地方网络，不仅能够获得成本上的节约，更重要的是便于利用人才、知识和信息等资源；嵌入服务业全球价值链则接入了全球网络，可以通过服务业进出口、离岸服务外包等多种方式获得合作伙伴的先进服务技术。因此，服务业集聚区所产生的外部规模经济，以及嵌入服务业全球价值链所获得的国际技术外溢，均可能会提升服务业企业的创新能力。事实上，刘奕和夏杰长（2009）在考察服务业集聚区的升级问题时，就提出了一种地方网络、全球网络相结合的治理模式，即在加强服务业集聚区内部企业间横向合作的同时，鼓励服务业企业沿着纵向的全球价值链实现攀升。本章借鉴这一思路，从横向的服务业集聚区、纵向的全球价值链这两个维度展开研究，为推动中国服务业企业创新提供一个新的理论视角。

进一步地，本章将外部规模经济理解为一种"集聚租"，并从集聚租、政策租的双重维度，探求服务业集聚区对企业绩效的影响机制。与非集聚

---

① 此处的企业绩效指用财务指标衡量的企业经营绩效。

区域相比，企业在服务业集聚区内有可能获得集聚租和政策租，前者指邻近空间上的互动带给企业的好处，后者则强调地方政府向企业提供的基础设施和优惠政策。通过理论和实证分析，本章试图证明：服务业集聚区提供的集聚租和政策租，对服务业企业绩效的提升均有显著作用；现阶段服务业集聚区对企业绩效的主要影响机制是政策租而非集聚租。

　　探讨服务业集聚区影响企业发展的现有文献，大都基于某些服务业集聚区案例进行定性分析。吴海瑾（2011）认为，服务业集聚区推动城市转型发展的机制包括产业融合、规模效应、创新溢出以及优化城市空间等。夏永祥和陈群（2011）指出，苏州的服务业集聚区通过发挥集聚效应、与制造业良性互动等途径带动了服务业发展。钟韵和刘东东（2012）研究广州的文化创意产业集聚区，提出文化创意产业集聚区既具备创造财富、使产业结构软化等直接经济效益，也有带动城市旅游、周边房产增值、完善产业链等溢出经济效益。林苞（2015）以深圳前海金融集聚区为例，论证金融集聚、创新集聚的叠加有利于区域经济转型升级。作为采用定量方法的例外，谭娜和彭飞（2016）利用 2012 年省级和地市级数据进行回归分析，发现文化创意产业集聚区并未显著促进区域文化产业优势的形成。

　　上述文献存在明显的不足。基于案例的定性分析结论不具备统计意义，采用定量方法的文献结论有一定的普适性，但对服务业集聚区影响企业发展的研究仍很不充分。有鉴于此，本章在理论分析的基础上，将利用江苏939 家服务业企业的微观数据，实证检验建设服务业集聚区对企业发展的影响。相比现有文献，本章有两个边际贡献：一方面，定量分析服务业集聚区的创新效应，发现外部规模经济促进了服务业创新，并证明了嵌入服务业全球价值链能有效提高服务业企业的创新能力。另一方面，从集聚租、政策租的双重视角建立定量分析框架，证实服务业集聚区提供的集聚租、政策租对企业绩效存在显著影响。

第二节　理论分析

与经济技术开发区、高新技术产业开发区等制造业集聚区类似，中国的服务业集聚区是"以集聚促发展"模式的体现。在制造业发展中被证明行之有效的集聚区模式，成为各级地方政府发展服务业的重要政策工具，金融城、物流园区、文化创意街区、软件园等各类服务业集聚区得以迅速建立和扩张。在部分发达城市，服务业集聚区已成为城市服务业发展的核心区域。例如，2012年南京市金融业增加值的80%、软件业的70%、科技服务业的50%以及文化创意产业的30%均由服务业集聚区完成，而苏州市服务业集聚区的增加值占全市的比重达33%（姜长云，2014）。

根据集聚理论，服务业集聚区为服务业企业间的近距离互动提供了便利，而企业近距离互动会产生外部规模经济，表现为企业能够方便地获得劳动力、知识等重要资源，进而可能影响企业的创新活动。一方面，服务业集聚区提供了专业劳动力市场。专业化程度较高的服务业工人会聚在服务业集聚区，形成了成熟的劳动力市场（Marshall，1920）。这不但提高了岗位需求、劳动供给相匹配的质量和概率，也减轻了契约签订和执行中的"敲竹杠"问题，使服务业企业能够以较低成本搜寻、使用所需要的创新型劳动力（Duranton and Puga，2004）。同时，由于能够迅速从企业外部获得所需要的人才，使得集聚区内企业的研究和实验成本降低，创新速度加快（Freedman，2008）。

另一方面，服务业集聚区推动了知识溢出。知识、技术在空间传播过程中存在时滞、衰减和扭曲，因此其跨越走廊和街道比跨越海洋和大陆更加容易（Glaeser，Kallal，Scheinkman and Shleifer，1992）。服务业集聚区内部会形成非正式的知识交换场所，有效克服了知识溢出的空间局限性，大大降低知识尤其是难以编码的隐性知识在企业间溢出的壁垒，并降低了创新的不确定性和复杂性。服务业集聚区内部企业的接触与合作，不但加速了诸如研发设计、工艺技术、市场营销、组织管理等存量知识的传播和交流，还通过累积的公共知识池推动了后续创新（Baptista and Swann，1998）。可见，服务业集聚区有利于创新信息的溢出和扩散，促进创新网络的形成，从而激励集聚区内的服务业企业更多地实施创新活动。特别地，对那些高度依赖创意和灵感的知识密集型服务业企业而言，在集聚区内获得灵感对其创新活动尤为重要。

研究假说7-1：服务业集聚区所产生的外部规模经济有利于企业创新。

服务全球化是当前经济全球化最鲜明的阶段性特征（江小涓，2008）。技术进步极大降低了在不同国家和地区之间构筑服务链条的成本，激励企业在全球范围内配置服务生产，服务业全球价值链由此形成。在全球服务业呈"碎片化"发展的大趋势中，一部分中国企业主动参与国际分工，嵌入全球服务业价值链。以油画产业为例，深圳大芬村嵌入了准科层制的商品油画全球价值链，处于低端生产环节；北京宋庄则嵌入市场型的原创油画全球价值链，并占据了高端的内容创意环节（刘奕、夏杰长，2009）。当前，中国服务业企业通常采取服务业进出口、离岸服务外包等方式嵌入全球价值链，与全球经济保持紧密的联结。

现代信息技术推动了知识的编码化、标准化，为无形的服务提供了有形载体，从而使许多服务具备了可贸易性。服务业企业得以突破其产品的无形性、不可分割性等固有特征，通过服务业进出口参与全球价值链的构筑。服务业进出口包括服务业出口和进口两种形式。相对于国内消费市场，中国服务业出口面临发达国家设置的质量、技术与安全等壁垒，为适应和满足国外市场的苛刻要求，服务业出口企业会通过"出口中学习"来吸收国际技术外溢，提升自身的创新能力（Keller，2002）。就服务业进口而言，外国研发资本通过中间产品贸易能够产生技术外溢。与劳动密集型、资本密集型的服务业进口相比，知识和技术密集型服务业进口通过国外 R&D 的溢出，显著地促进了进口国的全要素生产率提升和技术进步（唐保庆等，2011）。

20 世纪 90 年代末，离岸服务外包迅速发展，通常表现为常规服务外包和逆向服务外包两种形式。[①] 中国吸引了大量离岸服务外包业务，是仅次于印度的常规服务外包大国。中国企业既承接呼叫中心、数据录入等低端的服务外包业务，也在向软件开发、商业智能服务、研发服务、解决方案服务等上游服务发展（刘绍坚，2008）。对中国的服务业企业而言，承接服务外包不仅是买和卖这样的简单交易，而是与国外发包企业进行密切沟通、联系及合作的过程，有利于企业接受国际技术外溢。例如，中国企业通过承接软件外包项目获得国际技术外溢，实现了软件研发能力的提升，所承接的项目也开始向高端延伸（任志成、张二震，2012）。与此同时，出于对高端创新资源的迫切需求，中国服务业企业也主动挑战传统上发达国家的发包方地位，越来越多地开展逆向服务外包业务，进而获取国际技术外溢（Lewin et al.，2009）。研究发现，通过实施逆向服务外包将知识密集型服务工作发包到发达国家，不但不会侵蚀企业的创新能力，相反有利于企业集聚全球创新资源（张月友、刘丹鹭，2013）。

综上所述，嵌入服务业全球价值链可能提高服务业企业的创新能力。特别对开放程度高的服务业集聚区而言，如果忽略了全球价值链的作用，就可能高估集聚区对服务业企业创新的影响。

研究假说 7-2：嵌入服务业全球价值链可获得国际技术外溢，从而促进企业创新。

接下来，本章将外部规模经济理解为一种"集聚租"。集聚租是所有新经济地理学模型的核心特征之一，强调处于集聚区域的企业具有相对更好的绩效，表现为更高的企业利润率或资本收益率（Baldwin et al.，2003）。前文所述的专业劳动力市场和知识溢出机制，能够有效降低企业的生产成本和交易成本，并提高企业运用知识进行生产的能力，这有助于提升企业绩效。特别地，集聚租可以降低企业融资成本。长期以来，制约中国企业尤其是中小企业发展的一大障碍，就是融资难问题。由于大部分服务业企

[①] 通常所说的"服务外包"，形式为发达国家发包、发展中国家接包。本章将其称为"常规服务外包"，以示与发展中国家发包、发达国家接包的"逆向服务外包"相区别。

业的资产规模较小，且主要为创意、品牌、知识等无形资产，往往不能提供足够的固定资产抵押，导致难以获得所需的经营资金。加之资金借贷中存在信息不对称，优质的服务业企业也有可能面临逆向选择，融资能力进一步受到制约（林毅夫、孙希芳，2005）。但是，服务业集聚区中企业的互动促进了知识溢出和信息扩散，能有效缓解企业与金融机构间的信息不对称，使金融机构增加了对企业的信任，进而降低企业融资难度、节约融资成本（唐荣、顾乃华，2018）。

除了集聚租，地方政府为服务业集聚区内企业提供的政策租也不容忽视。少数服务业集聚区是企业基于要素禀赋的市场化集聚，大多数则由地方政府以服务业龙头企业为核心规划设计而成。地方政府为吸引企业进驻投入大量资源，完善了服务业集聚区的水电、交通、通信及园区服务平台等基础设施建设，使企业花费低廉的代价就可以便捷地使用这些公共品，这就节约了企业成本。同时，对全园区或园区中的某些特定行业，地方政府给予专项扶持资金、税收减免或返还、土地租金减免等优惠政策，符合条件的服务业企业收益增加，或者得以进一步节约成本。这些基础设施、优惠政策所构成的"政策租"，是地方政府直接或间接向服务业企业提供的无偿转移，是鼓励企业实现地方政府既定目标的利益诱导。企业入驻服务业集聚区能够获得政策租，增加收益并节约成本，最终表现为利润率的上升，切实改善企业绩效。可见，随着市场化改革的全面推进，虽然服务业集聚区相对于一般性区域的制度优势已经式微，但其基础设施和优惠政策所产生的政策租仍在发挥作用。

研究假说7-3：服务业集聚区提供的集聚租、政策租能提升企业绩效。

如果集聚租、政策租均能够产生积极影响，自然引出另一个问题：服务业集聚区对企业绩效的主要影响机制是集聚租还是政策租？这一问题与服务业集聚区自身的可持续发展密切相关。如果集聚租是主要影响机制，说明中国服务业集聚区的建设符合"集聚"的原则，即利用企业间的近距离互动所产生的集聚租，来提升企业绩效。反之，如果政策租是主要影响机制，意味着企业的经营高度依赖服务业集聚区持续的基础设施和优惠政策支持，这将给地方政府带来巨大的财政压力。更糟糕的是，与居民行为类似，企业也会"用脚投票"来获得自己需要的公共品（Tiebout，1956）。一旦服务业集聚区所提供的政策租耗散殆尽，企业将迁徙到能提供更多政策租的其他服务业集聚区，对那些资产专用性水平较低的企业来说，这种迁徙更容易实现。因此，从长远来看，以政策租来吸引企业集聚不利于服务业集聚区的可持续发展（万道侠、胡彬，2018）。

当然，集聚租和政策租的相对强弱可能会随时间推移而变化。对那些源自市场化集聚的服务业集聚区而言，成立初期主要的影响机制是集聚租；此后由于政府加以规划引导，在中期，政策租对企业的吸引力变得更大；后期随着政策租耗散，集聚租将再次成为主要影响机制。但如果服务业集聚区来自政策性集聚，即由地方政府扶植龙头企业或直接规划设计而成，那么政策租可能在初期、中期均占据主要地位；在后期政策租耗散，让位于集聚租。鉴于当前大部分服务业集聚区属于政策性集聚，且处在政府大力进行财政投入的初期、中期阶段，本章认为政策租的影响要强于集聚租。以下两个事实也支持这一判断：第一，部分服务业集聚区过度依赖政府的优惠政策、项目支持，可持续发展机制亟待形成（姜长云，2014）。许多地方政府仍然沿袭制造业集聚区建设的思维惯性和管理手段，热衷于引进大企业、大项目，不注重促进集聚区内的企业互动，致使集聚租的作用受到限制。第二，根据现有文献对制造业集聚区的研究，政策租明显扮演着比集聚租更重要的角色（郑江淮等，2008；钱学锋、陈勇兵，2009）。如果相较于制造业集聚区，服务业集聚区的建设模式未发生根本改变，那么更偏好政策租也是服务业企业的理性选择。

政策租成为服务业集聚区发挥经济影响的主要机制，有深层的制度原因。改革开放以来，中央政府对地方政府长期采取以 GDP 为核心的单维激励模式。地方政府官员参与晋升锦标赛，尽一切可能整合、利用其所能控制和影响的资源，以推动本地区的经济增长（Li and Zhou，2005；余泳泽等，2017）。建设服务业集聚区以吸引企业入驻，就是地方政府在竞争压力下的一项重要政策工具。为招商引资，地方政府大兴土木来完善园区的基础设施，同时给予服务业企业各种优惠政策，甚至不惜牺牲短期的财政收入来支持入驻企业，以满足企业对政策租的需求。基础设施的完善，以及提供给入驻企业的各项优惠政策，对服务业企业具有很大的吸引力，当这种政策租足够大时，将使企业在进行投资决策时完全忽略掉人力资本状况、服务业发展水平等相关的区位因素。此建设模式的特征是，在服务业集聚区日趋壮大的过程中，政策租所扮演的角色比集聚租更为重要。

　　研究假说 7-4：与集聚租相比，政策租是服务业集聚区影响企业绩效的主要机制。

第三节　服务业集聚区与企业创新

一、研究设计

1. 模型设定

为验证研究假说 7-1 和假说 7-2，构造如下的回归模型：

$$innov_{ijk} = \beta_0 + \beta_1 se_{ijk} + \beta_2 gvc_{ijk} + \beta_3 fc_{ijk} + \mu_j + \zeta_k + \varepsilon_{ijk} \tag{7-1}$$

　　式（7-1）中，i、j 和 k 分别表示企业、行业和服务业集聚区（或称"园区"），$innov$ 表示企业创新，se 表示外部规模经济，gvc 表示全球价值链，fc 为企业层面的各类控制变量，μ、ζ 分别为行业固定效应、园区固定效应，ε 为随机误差项，$\beta_0 \sim \beta_3$ 为待估计的系数向量。

2. 数据来源

　　数据来自江苏省具有代表性的服务业集聚区。为了解江苏服务业企业在 2013 年的经营情况，作者与江苏省广告协会下属的江苏广告产业园联盟合作，在江苏 9 家服务业集聚区进行了大规模的问卷调查。调查从 2014 年 12 月开始，至 2015 年 4 月结束，其间根据园区和行业分布，随机抽取企业样本，共发放问卷 1500 份，回收问卷 1148 份，其中有效问卷 939 份，问卷回收率、有效率分别达 76.5%、81.8%。该项调查为本章考察服务业集聚区对企业绩效的影响提供了良好的微观数据。

受调查企业的行业分布、园区分布情况如表 7-1 所示。从行业看，受调查企业广泛分布在 12 个服务业行业，其中广告业、软件业、创意设计业企业共有 660 家，占比为 70.3%，其他行业占比均在 5% 以下。广播电影电视业、游戏动漫业、演艺娱乐业、艺术品业可视为单纯的消费性服务业，而广告业、出版业、创意设计业、软件业、会展业、文化艺术培训业、文化信息服务业等行业具有不同程度的生产性服务业特征，其产品或服务常作为中间品进入生产领域。因此，本章所用样本涵盖了消费性服务业、生产性服务业的多个细分行业，有较好的代表性。

表 7-1　样本企业的行业和园区分布

行业	数量（家）	比例（%）	园区	数量（家）	比例（%）
广告业	476	50.69	南京国家广告产业园	158	16.83
广播电影电视业	13	1.38	苏州国家广告产业园	110	11.71
出版业	9	0.96	无锡国家广告产业园	148	15.76
游戏动漫业	55	5.86	常州国家广告产业园	218	23.22
创意设计业	61	6.50	徐州创意 68 文化产业园	87	9.27
软件业	123	13.10	宿迁广告产业园	54	5.75
会展业	6	0.64	连云港广告产业园	49	5.22
演艺娱乐业	5	0.53	淮安广告创意园	58	6.18
文化艺术培训业	15	1.60	盐城广告创意产业园	57	6.07
文化信息服务业	27	2.88			
艺术品业	8	0.85			
其他服务业	141	15.02			

资料来源：笔者基于问卷调查数据计算。

从园区来看，9 家服务业集聚区既包括南京、苏州、无锡、常州的 4 家国家级广告产业园，也涉及徐州、宿迁、连云港、淮安和盐城的 5 家省级广告产业园，空间分布较广，且园区发展较为成熟。

3. 变量选择和描述性统计

（1）企业创新

对于被解释变量企业创新，首先设置创新能力变量加以测量。基于李克特量表法，设计以下 5 个题项：创意产生速度快、创意达到或超出客户预期、率先应用新知识或新技术、率先推出新产品或新服务、新产品或新服务的市场接受度较高。这 5 个题项涵盖了各个环节的创新速度、创新质量，是对企业创新活动的系统描述。受调查企业对各题项"非常不符合、不符合、一般、符合、非常符合"的选择，分别对应取值 1、2、3、4、5。为建立创新能力指标，对上述 5 个题项进行因子分析。具体方法为基于协方差矩阵的主成分分析，在特征值大于 1 的条件下提取因子，结果如表 7-2 所示。其中，Cronbach's Alpha 系数为 0.94，高于有关研究建议的可接受水平 0.7，显示了很好的内部一致性信度；所有因子载荷均在 0.8 以上，远高于可接受水平 0.6，显示了极强的内敛效度。创新能力变量解释了总变异量的 80.42%，能很好地测量服务业企业创新。

进一步地，也可用专利数作为企业创新的代理变量。参照毕斗斗等（2015）的做法，引入受调查企业的专利数作为创新能力的替代指标，用于检验实证结果的稳健性。本指标为离散变量，其取值 1、2、3、4、5 分别代表受调查企业拥有的专利数为"0 项、1~10 项、11~30 项、31~50 项、50 项以上"。

（2）外部规模经济

外部规模经济作为核心解释变量之一，其口径包括专业劳动力市场和知识溢出两类。以企业从集聚区内其他服务业企业"挖到专业人才"来表示专业劳动力市场，受调查服务业企业对"非常不符合、不符合、一般、符合、非常符合"的选择，分别对应取值 1、2、3、4、5。

考虑到知识类型的差异，本章将知识溢出细分为技术工艺溢出、营销技能溢出、研发技能溢出、管理技能溢出 4 种，并分别以企业从集聚区内其他服务业企业获得"新技术新工艺、市场营销技能、产品或服务研发技能、企业管理技能"来表示。受调查企业对各题项"不能或极少、少、一般、多、很多"的选择，分别对应取值1、2、3、4、5。对上述4个题项得分进行因子分析，以生成知识溢出变量。因子分析方法为基于协方差矩阵的主成分分析，在特征值大于1的条件下提取因子，结果如表7-2所示。其中，Cronbach's Alpha系数、因子载荷分别显示了很好的内部一致性信度、内敛效度。知识溢出变量解释了总变异量的84.97%，能很好地衡量服务业企业获得的知识溢出水平。

为建立外部规模经济变量，对专业劳动力市场、知识溢出所涉及的5个题项进行因子分析，具体方法同上，结果如表7-2所示。从Cronbach's Alpha系数和因子载荷看，外部规模经济变量有很好的内部一致性信度、内敛效度。该变量解释了总变异量的83.56%，能很好地测量服务业企业所获得的外部规模经济。

表7-2 因子分析结果

题项	创新能力	知识溢出	外部规模经济
创意产生速度快	0.89		
创意达到或超出客户预期	0.92		
率先应用新知识或新技术	0.92		
率先推出新产品或新服务	0.91		
新产品或新服务的市场接受度较高	0.85		
挖到专业人才			0.93
获得技术工艺溢出		0.94	0.93
获得营销技能溢出		0.94	0.91
获得研发技能溢出		0.92	0.91
获得管理技能溢出		0.89	0.90
KMO	0.89	0.87	0.90
Bartlett 球形度检验	4096.40	3344.05	4595.22
Cronbach's Alpha	0.94	0.94	0.95
累计解释的总变异量	80.42%	84.97%	83.56%

资料来源：笔者基于问卷调查数据计算。

（3）全球价值链

另一个核心解释变量全球价值链为虚拟变量，用题项"企业与国外企业是否有业务往来"来测量，受调查企业回答为"是"则取值为1，"否"则取值为0。[①] 进一步地，为具体捕捉服务业进出口、离岸服务外包的影响，问卷中设置了以下4个题项：企业进口产品或服务、企业出口产品或服务、企业接受国外企业发包、企业将业务外包给国外企业，分别对应"服务业进口、服务业出口、常规服务外包、逆向服务外包"这4种典型的全球价值链嵌入方式，受调查企业回答为"是"则取值为1，"否"则取值为0。

受调查的939家服务业企业中，以各种方式嵌入服务业全球价值链的企业共有125家，占全部企业的13.3%。从典型的全球价值链嵌入方式看，服务业进口企业28家，占3.0%；服务业出口企业32家，占3.4%；常规服务外包企业23家，占2.4%；逆向服务外包企业11家，占1.2%。同时以2种典型方式参与全球价值链的企业有11家，同时以3种、4种典型方式参与全球价值链的企业则各有2家。表7-3报告了嵌入全球价值链的企业情况。从样本企业不难看出，部分服务业企业已较为深入地参与到服务业全球价值链当中，而服务业集聚区也表现出相当程度的对外开放特征。

表7-3 嵌入全球价值链的企业情况

变量	定义	企业数（家）	百分比（%）
#全球价值链	与国外企业有业务往来	125	13.3
服务业进口	企业进口产品或服务	28	3.0
服务业出口	企业出口产品或服务	32	3.4
常规服务外包	企业接受国外企业发包	23	2.4
逆向服务外包	企业将业务外包给国外企业	11	1.2

资料来源：笔者基于问卷调查数据计算。

[①] 本题项测量服务业企业与国外企业之间产品、服务等"价值"的流动，并不包括技术销售、技术购买、合作研发等渠道的国际技术转移。

（4）控制变量

为缓解可能的遗漏变量所导致的内生性问题，在回归模型中引入企业特征、行业固定效应、园区固定效应等控制变量。

本章控制以下 5 类企业特征变量：①研发投入。作为知识生产函数的主要自变量，研发投入与创新之间存在稳定的正向关联（Jaffe，1989）。该变量以受调查企业 R&D 投入占年销售收入的比重来表示。②存续时间。研究表明，存续时间对成长型企业的创新行为产生确定的影响（Yasuda，2005）。这里以受调查企业从成立至 2013 年的年数来衡量存续时间。③企业规模。根据安同良等（2006）提出的观点，大企业通常比小企业更多地进行持续性研发活动，并倾向于建立独立的常规性、专业化研发部门，因此有必要控制企业规模。这里以受调查企业的员工数作为企业规模的度量。④所有制特征。不同所有制性质的企业，在创新能力上可能存在差异。这里以私营企业为参照，设置国有或集体企业、外资企业这 2 个虚拟变量，以控制受调查企业在所有制特征上的差异。⑤人力资本。根据内生增长理论，人力资本是技术创新的重要决定因素。以受调查企业里大专及以上学历的员工所占比重，来衡量企业的人力资本，该变量取值 1、2、3、4、5 分别对应于"20%以下、21%~40%、41%~60%、61%~80%、80%以上"。

行业固定效应和园区固定效应：服务业行业或服务业园区之间可能存在差异。本章以其他服务业为参照，对其余 11 个服务业行业分别设置虚拟变量，以控制行业固定效应的影响；以宿迁广告产业园为参照，对其余 8 个服务业集聚区分别设置虚拟变量，以控制园区固定效应的影响。主要变量的描述性统计结果如表 7-4 所示。

表 7-4　主要变量的描述性统计

变量	量纲	观测值	均值	标准差	最小值	最大值
创新能力	—	907	0.00	1.00	−4.3	1.87
专利数		885	1.54	0.69	1.00	5.00
外部规模经济		907	0.00	1.00	−2.46	1.84

续表

变量	量纲	观测值	均值	标准差	最小值	最大值
全球价值链		939	0.13	0.34	0.00	1.00
研发投入	%	818	2.41	1.28	1.00	5.00
存续时间	年	885	3.09	3.79	0.00	24.00
企业规模	人	894	38.21	104.06	2.00	2014.00
国有或集体企业	—	939	0.10	0.30	0.00	1.00
外资企业	—	939	0.01	0.08	0.00	1.00
人力资本	—	937	3.86	1.14	1.00	5.00

资料来源：笔者基于问卷调查数据计算。

二、基准估计

对于横截面数据来说，异方差和多重共线性问题可能损害参数估计的有效性。为处理异方差，参数估计中的 t 统计值均根据稳健标准误计算，并对企业规模变量取对数。为检验回归模型是否存在多重共线性，以创新能力为被解释变量进行 OLS 回归，进而计算各解释变量的方差膨胀因子（VIF），所有解释变量的方差膨胀因子远远小于可接受水平 10，可认为回归模型不存在多重共线性。

基准估计以服务业企业的创新能力作为被解释变量，采用 OLS 方法进行，所得结果如表 7-5 所示。其中，第（1）~第（3）列仅控制行业、园区固定效应，未控制企业特征变量；第（4）~第（6）列的估计则进一步引入企业特征。外部规模经济变量的系数估计值在 1% 水平上显著为正，表明服务业集聚区所提供的外部规模经济对企业创新存在正向影响，这初步证实了研究假说 7-1。企业入驻服务业集聚区，就融入了地方网络，便于享受人才、知识和信息等资源。在服务业集聚区内，企业之间横向的近距离互动会产生外部规模经济，不但有助于企业获得创新型人才，也方便了企业获取知识溢出，这些都提升了企业的创新能力。全球价值链变量的估计

中国服务业集聚研究：特征、成因及影响

系数为正，并通过1%水平的显著性检验，表明嵌入全球价值链能够提升服务业企业的创新能力，研究假说7-2得到初步的证实。在全球服务业分工深化的大背景下，服务业企业嵌入全球服务业价值链，就接入了全球网络。与全球经济保持紧密联结，有利于企业接受国际知识外溢，并沿着纵向的全球价值链实现创新能力提升。

控制变量中，研发投入变量的系数估计值在1%水平显著为正，证实了研发投入与创新产出之间存在稳定的正向关联。存续时间变量未通过显著性检验，可见存续时间与服务业企业创新间并无明确的因果关系。企业规模变量在1%水平显著为正，证实了大企业比小企业更多地参与创新活动，也说明扩张规模能有效地提升创新能力。2个所有制结构变量的估计系数均不显著，说明国有或集体企业、外资企业与民营服务业企业相比，创新能力并未表现出显著的差异。人力资本变量的系数估计值为正，并通过了1%水平的显著性检验，证实了人力资本对企业创新的重要性，也说明优化人力资本结构有助于企业提升创新能力。

表7-5 外部规模经济、全球价值链与企业创新：基准估计

	（1）	（2）	（3）	（4）	（5）	（6）
外部规模经济	0.246***		0.253***	0.241***		0.250***
	（6.49）		（6.78）	（6.33）		（6.56）
全球价值链		0.537***	0.567***		0.448***	0.480***
		（5.32）	（5.65）		（4.48）	（4.88）
研发投入				0.132***	0.101***	0.099***
				（5.08）	（3.64）	（3.74）
存续时间				−0.003	−0.003	−0.005
				（−0.31）	（−0.32）	（−0.60）
企业规模				0.108***	0.126***	0.102***
				（3.07）	（3.55）	（2.91）
国有或集体企业				−0.020	−0.043	−0.022
				（−0.19）	（−0.42）	（−0.22）

续表

	(1)	(2)	(3)	(4)	(5)	(6)
外资企业				0.457	0.275	0.361
				(0.77)	(0.67)	(0.97)
人力资本				0.239***	0.236***	0.236***
				(6.47)	(6.08)	(6.51)
常数项	-0.010	-0.370**	-0.321*	-1.050***	-1.352***	-1.201***
	(-0.06)	(-2.06)	(-1.83)	(-4.66)	(-5.80)	(-5.38)
行业固定效应	Y	Y	Y	Y	Y	Y
园区固定效应	Y	Y	Y	Y	Y	Y
F 统计值	35.26	33.33	38.62	23.44	20.26	24.66
观测值	897	907	897	737	744	737

注：***、**、*分别表示在1%、5%、10%的显著性水平上显著，括号内数值为根据稳健标准误计算的t统计值。

资料来源：笔者计算。

三、基准估计的扩展

基准估计初步证实了外部规模经济、全球价值链对于服务业企业创新的积极作用。仍有必要继续探讨专业劳动力市场、知识溢出这 2 类具体的外部规模经济，以及服务业进口、服务业出口、常规服务外包和逆向服务外包这 4 种典型的全球价值链嵌入方式，怎样影响服务业企业的创新能力。因此，变换基准估计中的核心解释变量，重新进行估计，结果如表7-6所示。

表7-6　外部规模经济、全球价值链与企业创新：基准估计的扩展

	(1)	(2)	(3)	(4)	(5)	(6)
外部规模经济			0.255***	0.244***	0.243***	0.231***
			(6.69)	(6.41)	(6.40)	(6.02)

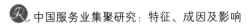

续表

	（1）	（2）	（3）	（4）	（5）	（6）
全球价值链	0.529***	0.468***				
	（5.40）	（4.74）				
专业劳动力市场	0.298***					
	（7.85）					
知识溢出		0.227***				
		（6.02）				
服务业进口			0.895***			
			（5.61）			
服务业出口				−0.141		
				（−0.75）		
常规服务外包					0.468**	
					（2.38）	
逆向服务外包						0.836***
						（3.21）
研发投入	0.111***	0.097***	0.141***	0.137***	0.127***	0.126***
	（4.31）	（3.63）	（5.50）	（4.89）	（4.84）	（4.86）
存续时间	−0.003	−0.006	−0.005	−0.003	−0.002	−0.002
	（−0.39）	（−0.61）	（−0.49）	（−0.31）	（−0.21）	（−0.18）
企业规模	0.091***	0.106***	0.117***	0.109***	0.105***	0.105***
	（2.66）	（3.02）	（3.38）	（3.10）	（2.99）	（2.96）
国有或集体企业	−0.010	−0.027	−0.052	−0.022	−0.032	−0.031
	（−0.10）	（−0.27）	（−0.50）	（−0.21）	（−0.31）	（−0.31）
外资企业	0.255	0.375	0.009	0.446	0.238	0.469
	（0.84）	（0.96）	（0.03）	（0.74）	（0.54）	（0.80）
人力资本	0.229***	0.238***	0.241***	0.237***	0.237***	0.246***
	（6.40）	（6.50）	（6.60）	（6.44）	（6.48）	（6.65）
常数项	−2.152***	−1.218***	−1.279***	−1.020***	−1.023***	−1.059***
	（−9.14）	（−5.42）	（−5.88）	（−4.42）	（−4.50）	（−4.66）

续表

	（1）	（2）	（3）	（4）	（5）	（6）
行业固定效应	Y	Y	Y	Y	Y	Y
园区固定效应	Y	Y	Y	Y	Y	Y
F 统计值	26.07	24.13	24.07	22.58	22.92	23.05
观测值	737	737	737	737	737	737

注：＊＊＊、＊＊、＊分别表示在1%、5%、10%的显著性水平上显著，括号内数值为根据稳健标准误计算的 t 统计值。

资料来源：笔者计算。

表7-6中，第（1）列用专业劳动力市场变量替代外部规模经济，以剔除知识溢出因素的影响。专业劳动力市场变量的系数估计值在1%水平上显著为正，表明服务业集聚区所形成的专业劳动力市场提高了企业的创新能力。服务业集聚区吸引大量专业化程度较高的服务业工人，提供了完备的劳动力市场。专业劳动力市场的存在，既提高了企业岗位需求与劳动供给相匹配的质量和概率，也减轻了签订和执行契约的"敲竹杠"问题，使企业能迅速、方便地从外部获得所需要的创新型人才以加速创新。

表7-6中，第（2）列用知识溢出替代外部规模经济变量，以剔除专业劳动力市场因素的影响。知识溢出变量的估计系数为正，并通过了1%水平的显著性检验，证实服务业企业所获得的知识溢出有利于创新。服务业集聚区创造一个非正式的知识交换场所，降低了知识尤其是隐性知识在企业间溢出的壁垒，使企业尤其是那些高度依赖创意的知识密集型企业，更容易获得相关的知识，这不但加速了研发、工艺、市场和管理等各类存量知识的扩散，还通过公共知识池推动了新知识的创造。

为考察服务业进出口对服务业企业创新的影响，表7-6第（3）和第（4）列分别用服务业进口、服务业出口替代全球价值链变量。服务业进口的系数估计值为正，并通过1%水平的显著性检验，表明服务业进口能够提高企业创新能力，这与唐保庆等（2011）的结论相近。通过服务业进口，服务业企业获得了外国 R&D 资本的技术外溢，有利于企业全要素生产率提升和技术进步，并促进企业创新。与此相对，服务业出口的估计系数不显著，表明中国服务业企业通过"出口中学习"来吸收国际技术外溢，进而提升创新能力的机制较弱，本结论也得到了刘丹鹭（2013）的证实。限于数据，这里不能识别"服务业出口无助于服务业企业创新"的原因，这一问题有待后续的进一步研究。

表7-6第（5）和第（6）列分别用常规服务外包、逆向服务外包替代全球价值链变量，探讨离岸服务外包对服务业企业创新的影响。常规服务外包、逆向服务外包变量的估计系数分别在5%、1%水平上显著为正，证实了离岸服务外包的确能够促进服务业企业创新。可见，无论是被动承接发达国家企业的发包，还是主动向发达国家企业发包，都有助于中国服务业企业获得国际技术外溢和集聚全球创新资源，进而提高企业研发和创新能力。

至此进一步证实了研究假说7-1和假说7-2。专业劳动力市场和知识溢出这2类外部规模经济都促进了服务业企业创新；4类典型的全球价值链嵌入方式中，除服务业出口的正向作用不显著外，服务业进口、常规服务外包和逆向服务外包均提升了服务业企业的创新能力。

四、稳健性检验

以创新能力作为被解释变量的上述实证分析，证实了建设服务业集聚区、嵌入服务业全球价值链所具有的创新效应。这一结论是否稳健，需要进一步检验。这里用专利数作为新的被解释变量，替代基准估计中的创新能力，进行稳健性检验。由于被解释变量是具有内在排序特征的离散整数变量，OLS估计不能得到精确的参数估计值，应选择排序模型进行极大似然估计：如果随机误差项服从正态分布，采用oprobit估计；如果随机误差项服从逻辑分布，则采用ologit模型更为合理。

本章对全部样本分别进行oprobit和ologit估计，同时以OLS估计结果作为对照。表7-7报告了稳健性检验的结果。极大似然估计结果显示，外部规模经济、全球价值链变量均在1%水平上显著为正，这与基准估计的结果相同。OLS 估计结果也提供了有力的佐证。这再次证实了服务业集聚区提供的外部规模经济，以及嵌入全球价值链所获得的国际技术外溢，能有效地促进服务业企业创新。

从第（5）和第（6）列的估计结果来看，研发投入、企业规模、人力资本仍对企业创新有正向影响，而存续时间的影响仍不显著，这与基准估计结果相同。与民营企业相比，国有或集体企业的平均专利数较少，外资企业则无显著差异。稳健性检验结果表明，外部规模经济、全球价值链具有正向的创新效应这一结论是稳健的。

表 7-7　外部规模经济、全球价值链与企业创新：稳健性检验

	（1）	（2）	（3）	（4）	（5）	（6）
	OLS	oprobit	ologit	OLS	oprobit	ologit
外部规模经济	0.083***	0.196***	0.403***	0.060**	0.177***	0.386***
	(3.40)	(3.47)	(3.74)	(2.48)	(2.95)	(3.36)
全球价值链	0.416***	0.802***	1.519***	0.324***	0.644***	1.330***
	(5.29)	(5.64)	(5.91)	(4.26)	(4.12)	(4.49)
研发投入				0.067***	0.169***	0.263***
				(3.65)	(4.28)	(3.63)
存续时间				-0.003	-0.009	-0.025
				(-0.37)	(-0.50)	(-0.78)
企业规模				0.145***	0.332***	0.604***
				(5.18)	(5.93)	(6.08)
国有或集体企业				-0.205**	-0.542***	-1.155***
				(-2.49)	(-2.97)	(-3.41)
外资企业				0.254***	0.197	0.381
				(3.34)	(0.78)	(0.81)
人力资本				0.058***	0.153***	0.329***
				(2.65)	(2.90)	(3.40)
常数项	1.373***			0.919***		
	(11.13)			(5.54)		

续表

	(1)	(2)	(3)	(4)	(5)	(6)
	OLS	oprobit	ologit	OLS	oprobit	ologit
行业固定效应	Y	Y	Y	Y	Y	Y
园区固定效应	Y	Y	Y	Y	Y	Y
F/Wald 统计值	30.15	270.98	229.45	165.94	288.44	261.60
观测值	864	864	864	741	741	741

注：***、**、*分别表示在1%、5%、10%的显著性水平上显著，括号内数值为根据稳健标准误计算的 t 统计值。

资料来源：笔者计算。

五、内生性考察

本章的回归模型中，通过控制企业特征变量以及行业、园区固定效应，较好地缓解了遗漏变量的内生性。但这里仍有必要讨论全球价值链变量的内生性问题。一方面，企业创新可能反过来影响企业嵌入全球价值链的决策，即创新能力强的服务业企业更有意愿和能力嵌入全球价值链，从而产生联立内生性；另一方面，企业可能具有不可观测的异质性，这些异质性因素可能会同时影响企业的创新和嵌入全球价值链的决策，由此产生遗漏变量的内生性。

采用倾向得分匹配（PSM）方法，来处理可能的内生性。处理组为嵌入全球价值链的 106 家企业，对照组为未嵌入全球价值链的 627 家企业。以外部规模经济和所有控制变量作为匹配变量，估计一个 probit 模型，由此计算企业嵌入全球价值链的概率（倾向得分），进而比较处理组和对照组企业嵌入全球价值链的概率，将概率最接近的处理组、对照组企业进行匹配。考虑到样本中具有可比性的对照组个体较为充裕，采用无放回的核匹配以获得较高的匹配效率。

利用 PSM 估计平均处理效应，结果如表 7-8 所示。第（1）列显示，处理组与对照组的 ATT 差异为 0.390，并在 1% 水平显著。这一结果表明，与未嵌入全球价值链相比，服务业企业嵌入全球价值链能够获得创新能力的提升。可见，在进一步处理了内生性偏误后，嵌入全球价值链对服务业企业创新仍具有显著的促进作用。

类似地，嵌入全球价值链的 4 种典型方式的内生性，也可以采用 PSM 方法来处理。结果如表 7-8 中的第（2）~第（5）列所示。服务业进口、常规服务外包和逆向服务外包变量的 ATT 差异均在 1% 水平上显著为正，表明这 3 类活动均有效提高了企业的创新能力；服务业出口的 ATT 差异不显著，表明服务业出口对企业创新能力无显著影响。PSM 结果进一步确认了前文对这 4 种典型方式的考察结论。

表 7-8 外部规模经济、全球价值链与企业创新：内生性考察

		(1)	(2)	(3)	(4)	(5)
		全球价值链	服务业进口	服务业出口	常规服务外包	逆向服务外包
倾向得分匹配	ATT	0.390 ***	0.700 ***	−0.203	0.549 ***	0.675 ***
	t-stat	3.07	2.78	−0.58	2.91	2.49
	处理组	106	24	29	22	11
	对照组	627	290	581	624	556
马氏距离匹配	ATT	0.461 ***	0.792 ***	0.034	0.491 ***	0.732 ***
	t-stat	4.55	3.54	0.19	2.63	3.23
	处理组	106	24	29	22	11
	对照组	631	713	708	715	726

注：***、**、*分别表示在 1%、5%、10% 的显著性水平上显著。

资料来源：笔者计算。

此外，作为对 PSM 结果的验证，表 7-8 中也列出了基于马氏距离匹配的实证结果。匹配中使用异方差稳健标准误，以提高估计精度。与 PSM 结果类似，马氏距离匹配结果也证实了嵌入全球价值链对服务业企业创新的正向作用，并评估了服务业进口等 4 种典型方式对服务业企业创新能力的影响。

六、进一步分析

前文在理论分析基础上，实证检验了研究假说7-1和假说7-2，证实外部规模经济、全球价值链这两个维度，都能够显著地促进服务业企业创新。本部分进一步探讨如下问题：建设服务业集聚区、嵌入服务业全球价值链的创新效应，是否受企业吸收能力的制约？

吸收能力是企业识别外部知识的价值、消化外部知识，并将外部知识应用于商业用途的能力（Cohen and Levinthal，1990）。服务业企业的创新，既依赖服务业集聚区提供的知识溢出，也得益于嵌入全球价值链所获得的国际技术外溢。将这些外部知识应用于创新的过程中，企业的吸收能力可能扮演着重要角色。现有研究显示，吸收能力既可能直接影响企业的创新能力，也可能发挥间接的调节作用。一方面，吸收能力对企业创新能力产生直接作用。一般来说，拥有更强吸收能力的企业往往拥有更强的创新能力（Nieto and Quevedo，2005）。另一方面，在外部知识与企业创新的因果链条中，吸收能力可能起到间接的调节作用，即吸收能力系统地改变了外部知识影响企业创新的方向和强度。例如，在常规服务外包中，东道国接包企业的吸收能力对国际技术外溢效应的发挥起着关键作用（李元旭、谭云清，2010）。

这里同时从直接作用和调节作用两个角度，考察吸收能力在服务业企业创新中扮演的角色。在式（7-1）基础上引入吸收能力变量，构造如下的两个回归模型：

$$innov_{ijk} = \beta_0 + \beta_1 se_{ijk} + \beta_2 gvc_{ijk} + \beta_3 ac_{ijk} + \beta_4 fc_{ijk} + \mu_j + \zeta_k + \varepsilon_{ijk} \qquad (7-2)$$

$$innov_{ijk} = \beta_0 + \beta_1 se_{ijk} + \beta_2 gvc_{ijk} + \beta_3 ac_{ijk} + \beta_4 se_{ijk} \times ac_{ijk} + \beta_5 gvc_{ijk} \times ac_{ijk} + \beta_6 fc_{ijk} +$$
$$\mu_j + \zeta_k + \varepsilon_{ijk} \qquad (7-3)$$

式（7-2）中，ac 表示企业的吸收能力，根据该变量的估计系数可以考察吸收能力对服务业企业创新的直接作用。式（7-3）则进一步引入外部规模经济与吸收能力的交叉项、全球价值链与吸收能力的交叉项，根据交叉项的系数估计值探讨吸收能力的调节作用。其余变量的含义与式（7-1）相同。

接下来报告吸收能力变量的生成。Zahra 和 George（2002）详细划分和界定了吸收能力的 4 个维度，即知识获取、知识消化、知识转换、知识应用。Jansen 和 Volberda（2005）在此基础上进行量表开发，使对吸收能力各维度的分析变成可能。借鉴上述文献，问卷中设计以下 4 个题项：识别外部知识的用途、引进外部知识、将外部知识转化为自有知识、将新知识应用于相关产品或服务，分别对应知识获取、知识消化、知识转换、知识应用这 4 个维度。受调查企业对各题项"非常不符合、不符合、一般、符合、非常符合"的回答，分别对应取值 1、2、3、4、5。对上述 4 个题项得分进行因子分析，以建立吸收能力指标。[①]

表 7-9 中，第（1）和第（2）列分别报告了不控制、控制企业特征变量时，对式（7-2）的 OLS 估计结果。吸收能力变量的系数估计值为正，并通过 1%水平的显著性检验。这一结果表明，吸收能力会直接影响服务业企业的创新活动，拥有较强吸收能力的服务业企业往往具有较强的创新能力。

对式（7-3）的估计结果如表 7-9 的第（3）~第（6）列所示。其中，第（3）和第（4）列分别在不控制、控制企业特征变量时，加入外部规模经济与吸收能力的交叉项、全球价值链与吸收能力的交叉项。从第（4）列中交叉项的估计系数来看，吸收能力的调节作用并不显著。在此基础上，第（5）和第（6）列用知识溢出变量替代外部规模经济变量，以剔除专业劳动力市场的作用。在控制了企业特征变量的第（6）列中，知识溢出与吸收能力交叉项、全球价值链与吸收能力交叉项的系数估计值均不显著。这进一步证实在外部规模经济、全球价值链与服务业企业创新的因果链条中，吸收能力不存在间接的调节作用，即不会系统地改变建设服务业集聚区和嵌入服务业全球价值链影响企业创新的方向和强度。至此可以判断，吸收能力对服务业企业创新产生直接影响，但对外部规模经济、全球价值链的创新效应不存在调节作用。

---

① 限于篇幅，因子分析的过程、结果从略。

表7-9　外部规模经济、全球价值链与企业创新：吸收能力的作用

	(1)	(2)	(3)	(4)	(5)	(6)
外部规模经济	0.063 **	0.062 *	0.070 **	0.062		
	(2.02)	(1.80)	(2.04)	(1.57)		
知识溢出					0.055 *	0.042
					(1.69)	(1.10)
全球价值链	0.229 ***	0.241 ***	0.165 *	0.198 **	0.160	0.193 **
	(2.80)	(3.02)	(1.67)	(2.20)	(1.62)	(2.14)
吸收能力	0.592 ***	0.534 ***	0.569 ***	0.523 ***	0.574 ***	0.531 ***
	(15.15)	(10.74)	(13.52)	(9.36)	(13.81)	(9.56)
外部规模经济× 吸收能力			−0.022	0.007		
			(−0.67)	(0.21)		
知识溢出× 吸收能力					−0.022	0.009
					(−0.69)	(0.26)
全球价值链× 吸收能力			0.164 *	0.097	0.162 *	0.093
			(1.71)	(1.05)	(1.69)	(1.01)
常数项	−0.162	−0.714 ***	−0.150	−0.712 ***	−0.153	−0.719 ***
	(−1.13)	(−3.91)	(−1.04)	(−3.85)	(−1.06)	(−3.87)
控制变量	N	Y	N	Y	N	Y
行业固定效应	Y	Y	Y	Y	Y	Y
园区固定效应	Y	Y	Y	Y	Y	Y
F 统计值	73.59	41.27	74.03	41.76	73.38	41.37
观测值	884	732	884	732	884	732

注：*** 、** 、* 分别表示在1%、5%、10%的显著性水平上显著，括号内数值为根据稳健标准误计算的t统计值。

资料来源：笔者计算。

第四节　服务业集聚区与企业绩效

一、研究设计

1. 模型设定

为验证研究假说7-3，构造如下回归模型：

$$fp_{ijk}=\beta_0+\beta_1 agg\_rent_{ijk}+\beta_2 policy\_rent_{ijk}+\beta_3 fc_{ijk}+\mu_j+\zeta_k+\varepsilon_{ijk} \tag{7-4}$$

式（7-4）中，i、j 和 k 分别表示企业、行业和园区，fp 为企业绩效，agg_rent 为集聚租，$policy\_rent$ 为政策租，fc 表示企业层面的控制变量，μ、ζ 分别为行业固定效应、园区固定效应，ε 为随机误差项，$\beta_0 \sim \beta_3$ 为待估计的系数向量。

对研究假说7-4的验证，将在式（7-4）基础上比较核心解释变量的标准化系数，并进行基于回归的夏普里值分解。后者由 Shorrocks（2013）提出，结合了回归方程和夏普里值分解原理，能够在统一的分析框架中计算各解释变量对被解释变量差异的贡献。Wan（2004）处理了常数项和残差项，使基于回归的夏普里值分解更加完善并得到广泛应用。

2. 数据来源

见本章第三节。

3. 变量选择和描述性统计

企业绩效的评价在20世纪80年代以前主要基于财务指标，此后开始扩展至顾客满意度、战略、学习与创新能力等非财务指标（Bacidore et al.，1997）。其中，财务指标涉及企业的成本和收益的对比，反映了企业最核心的盈利能力，在企业绩效评价体系中处于基础地位（孙永风、李垣，2004）。因此，此处主要用财务指标如收益、成本、利润率等测量企业绩效。在成本维度，重点考察企业融资成本所受到的影响，主要是考虑到服务业企业通常具有固定资产较少的特点，不容易提供足额的风险抵押物，其融资难问题相较于一般中小企业往往更加突出。

具体而言，被解释变量企业绩效用3个变量衡量：①利润率。利润率用税前利润占资产总值的百分比表示。该指标因同时涉及企业的收益和成本，从而成为衡量企业绩效的最全面指标（宋立刚、姚洋，2005）。本变量为离散变量，取值为1、2、3、4、5，分别表示利润率为"低于10%、11%~30%、31%~50%、51%~100%、高于100%"。②营业收入。营业收入从收益角度出发对企业绩效进行衡量，将在稳健性检验中作为利润率的替代指标。本变量为离散变量，以数字1、2、3、4、5、6、7分别代表企业的营业收入为"20万元以下、21万~100万元、101万~500万元、501万~1000万元、1001万~5000万元、5001元至1亿元、1亿元以上"。③融资成本。借鉴盛丹和王永进（2013），以融资难度为代理变量对企业的融资成本加以衡量。该变量为离散变量，其取值1、2、3，分别代表企业融资"基本没有困难、存在一定困难、非常困难"。

集聚租是核心解释变量之一。其测量与本章第三节"外部规模经济"相同。

政策租是另一个核心解释变量。根据理论假说，除集聚租外，服务业集聚区也通过基础设施、优惠政策为企业提供了政策租。一般来说，服务业集聚区的政策租作为一种公共品，要么提供给园区中的所有企业（如基础设施），要么由园区中特定行业的企业共享（如优惠政策）。鉴于政策租的这一特点，用国家级园区、省级园区之间的差异作为政策租的代理变量，这是因为国家级园区显然比省级园区能提供更多的政策租。具体地，如果企业处于国家级园区，政策租变量取值为1；如果企业处于省级园区，政策租变量取值为0。

为缓解可能存在的遗漏变量内生性，在回归模型中加入企业层面的控制变量以及行业、园区层面的固定效应。其中，存续时间、企业规模、国有或集体企业、外资企业、人力资本等控制变量以及固定效应的测量方法见本章第三节。此外，还控制对外合作变量。该变量为虚拟变量，若企业与国外企业在进出口、技术研发、服务外包等领域存在合作，则取值为 1，否则为 0。各主要变量的描述性统计如表 7-10 所示。

表 7-10　主要变量的描述性统计

名称	量纲	观测值	均值	标准差	最小值	最大值
利润率	—	824	2.20	0.81	1.00	5.00
营业收入	—	833	2.92	1.53	1.00	7.00
融资成本	—	884	1.66	0.68	1.00	3.00
集聚租	—	907	0.00	1.00	-2.46	1.84
政策租	—	939	0.68	0.47	0.00	1.00
存续时间	年	885	3.09	3.79	0.00	24.00
企业规模	人	894	38.21	104.06	2.00	2014.00
国有或集体企业	—	939	0.10	0.30	0.00	1.00
外资企业	—	939	0.01	0.08	0.00	1.00
对外合作	—	939	0.13	0.33	0.00	1.00
人力资本	—	937	3.86	1.14	1.00	5.00

资料来源：笔者基于问卷调查数据计算。

二、基准回归

以服务业企业的利润率作为被解释变量，对全部样本数据进行基准估计。被解释变量为离散的整数变量，并且具有内在的排序特征，因此用排序模型作极大似然估计，效果优于通常的 OLS 估计。若随机干扰项服从正态分布，选择 oprobit 估计；若随机干扰项服从逻辑分布，则采用 ologit 模型更为合理。作为对照，本章也将报告采用 OLS 估计的结果。

在不控制、控制企业层面变量这两种情形下，分别进行 OLS、oprobit

和 ologit 估计，如表 7-11 的第（1）~第（6）列所示。结果表明，集聚租、政策租显著提高了服务业企业利润率：所有估计中，集聚租变量的系数估计值在 1% 水平上均显著为正；与 OLS 估计不同，oprobit 和 ologit 估计显示政策租变量的系数估计值在 1% 水平上显著为正。这一结果初步证实了研究假说 7-3，即服务业集聚区提供的集聚租、政策租能提升企业绩效。

企业层面的控制变量中，国有或集体企业变量的估计系数在小于 10% 的水平上显著为负，可见国有或集体性质的服务业企业平均利润率低于私营服务业企业，表现出较弱的盈利能力，这一结果与对中国国有企业绩效的现有研究相吻合。外资企业变量的估计系数不显著，表明外资与私营服务业企业间的平均利润率无显著差异。存续时间、企业规模、对外合作和人力资本的估计系数均未通过显著性检验，表明这些因素对服务业企业的利润率无显著影响。

表 7-11　集聚租、政策租与企业绩效：基准回归和内生性考察

	（1）	（2）	（3）	（4）	（5）	（6）	（7）	（8）
	OLS	OLS	oprobit	oprobit	ologit	ologit	2sls	2sls
集聚租	0.203***	0.199***	0.303***	0.299***	0.569***	0.565***	0.364***	0.345***
	(6.31)	(6.02)	(5.97)	(5.74)	(6.19)	(6.01)	(2.88)	(2.62)
政策租	0.682***	0.092	1.018***	0.958***	1.826***	1.775***	0.742***	0.686***
	(5.61)	(0.62)	(5.34)	(4.31)	(5.34)	(4.42)	(5.65)	(4.40)
存续时间		-0.003		-0.003		-0.012		-0.004
		(-0.31)		(-0.25)		(-0.55)		(-0.46)
企业规模		0.048		0.076		0.144		0.028
		(1.42)		(1.55)		(1.59)		(0.78)
国有或集体企业		-0.177*		-0.264*		-0.644***		-0.162*
		(-1.79)		(-1.90)		(-2.94)		(-1.65)
外资企业		0.039		0.075		0.019		0.070
		(0.11)		(0.14)		(0.02)		(0.18)

续表

	（1）	（2）	（3）	（4）	（5）	（6）	（7）	（8）
	OLS	OLS	oprobit	oprobit	ologit	ologit	2sls	2sls
对外合作		0.084		0.124		0.223		0.105
		（0.93）		（0.95）		（0.93）		（1.15）
人力资本		0.037		0.059		0.098		0.041
		（1.21）		（1.31）		（1.20）		（1.32）
常数项	1.584***	1.391***					1.610***	1.457***
	（12.34）	（7.31）					（12.06）	（7.13）
行业固定效应	Y	Y	Y	Y	Y	Y	Y	Y
园区固定效应	Y	Y	Y	Y	Y	Y	Y	Y
Kleibergen-Paap rk LM 统计值							23.01*** [0.00]	20.90*** [0.00]
Kleibergen-Paap rk Wald F 统计值							65.53** {16.38}	48.97*** {16.38}
Wald/F 统计值	8.35***	7.55***	138.09***	150.73***	131.07***	142.91***	6.33***	5.79***
观测值	800	741	800	741	800	741	797	738

注：***、**、*分别表示在1%、5%、10%的显著性水平上显著。Kleibergen-Paap rk LM 检验的原假设是工具变量识别不足。Kleibergen-Paap rk Wald F 检验的原假设是工具变量为弱工具变量。小括号内数值为根据稳健标准误计算的 t 统计值；中括号内数值为对应检验统计量的 p 值；大括号内数值为 Stock-Yogo 检验的临界值。

资料来源：笔者计算。

三、内生性考察

以上估计，通过加入企业层面的控制变量和行业、园区固定效应，较为有效地缓解了遗漏变量内生性。但仍有必要讨论回归模型的联立内生性。一般来说，绩效较好的企业往往能提供更高的薪酬和福利，容易在服务业集聚区中寻找到需要的员工并接受其他企业的知识溢出，从而获得更强的集聚租，这意味着集聚租变量可能是内生的。对这种反向因果可能导致的联立内生性，这里采用工具变量法来处理。工具变量法的另一个优势是，可以进一步缓解遗漏变量产生的内生性。Fisman 和 Svensson（2007）提示，可以用内生解释变量在"行业—区域"层面的平均值，作为企业层面上该变量的工具变量。借鉴这一做法，用与某一企业"同园区且同行业"的所有企业的集聚租平均值，作为该企业集聚租的工具变量。从理论上来说，某一园区内部某一行业的集聚租的平均水平，既与其中个体企业的集聚租水平存在相关性，也不会对个体企业的绩效产生直接影响，即同时满足与内生解释变量相关、与随机干扰项不相关这两个条件，因而是合理的。

表7-11 报告了工具变量估计的结果。其中，第（7）列仅控制行业、园区固定效应，第（8）列则进一步加入企业层面的控制变量。结果表明，集聚租、政策租变量的系数估计值仍在1%水平显著为正，这与 oprobit 和 ologit 估计的结果一致。对工具变量分别进行弱工具变量检验、识别不足检验，Kleibergen-Paap rk Wald F、Kleibergen-Paap rk LM 统计值表明，工具变量同时满足工具相关性和工具外生性条件，是良好的工具变量。可见，用工具变量估计处理了模型可能存在的联立内生性后，研究假说7-3仍然成立。

四、稳健性检验

基准回归的结果是否稳健，有待进一步分析。这里的稳健性检验，用营业收入、融资成本分别替代被解释变量利润率，从收益、成本两个不同角度考察集聚租对企业绩效的作用。

以企业的营业收入替代利润率作为被解释变量，回归结果如表7-12的第（1）~第（3）列所示。集聚租变量的系数估计值在小于5%水平上显著为正；与 OLS 估计不同，oprobit 和 ologit 估计中，政策租变量的系数估计值在小于10%水平上显著为正。可见，服务业集聚区提供的集聚租、政策租增加了企业的营业收入，进一步证实了研究假说7-3。

表 7-12　集聚租、政策租与企业绩效：稳健性检验

	（1）	（2）	（3）	（4）	（5）	（6）
	营业收入	营业收入	营业收入	融资成本	融资成本	融资成本
	OLS	oprobit	ologit	OLS	oprobit	ologit
集聚租	0.106 **	0.140 ***	0.248 ***	-0.091 ***	-0.196 ***	-0.369 ***
	（2.40）	（2.94）	（2.97）	（-3.32）	（-3.55）	（-3.68）
政策租	0.313	0.441 *	1.000 ***	-0.147	-0.629 **	-1.260 ***
	（1.39）	（1.74）	（2.67）	（-1.14）	（-2.52）	（-2.76）
存续时间	0.065 ***	0.069 ***	0.121 ***	-0.013 *	-0.034 **	-0.058 **
	（4.93）	（5.26）	（5.13）	（-1.96）	（-2.19）	（-2.23）
企业规模	0.740 ***	0.768 ***	1.381 ***	-0.084 ***	-0.173 ***	-0.321 ***
	（15.02）	（13.05）	（13.09）	（-3.33）	（-3.12）	（-3.24）
国有或集体企业	0.552 ***	0.570 ***	0.977 ***	-0.218 ***	-0.629 ***	-1.057 ***
	（4.30）	（4.44）	（4.16）	（-3.70）	（-3.66）	（-3.49）
外资企业	-0.572 **	-0.753 **	-1.268 ***	0.322	0.588	1.207
	（-2.43）	（-2.37）	（-2.65）	（0.78）	（0.78）	（0.84）
对外合作	0.351 ***	0.348 ***	0.632 ***	0.061	0.131	0.247
	（2.71）	（2.61）	（2.62）	（0.81）	（0.93）	（0.95）
人力资本	0.076 *	0.084 *	0.115	-0.028	-0.045	-0.085
	（1.84）	（1.91）	（1.47）	（-1.16）	（-0.94）	（-0.97）
常数项	-0.564 **			2.337 ***		
	（-2.07）			（15.61）		
行业固定效应	Y	Y	Y	Y	Y	Y
园区固定效应	Y	Y	Y	Y	Y	Y
Wald/F 统计值	48.00 ***	500.88 ***	272.23 ***	25.87 ***	323.57 ***	297.83 ***
观测值	751	751	751	804	804	804

注：***、**、*分别表示在1%、5%、10%的显著性水平上显著，括号内数值为根据稳健标准误计算的 t 统计值。

资料来源：笔者计算。

以企业的融资成本替代利润率作为被解释变量，回归结果如表 7-12 的第（4）～第（6）列所示。集聚租变量的系数估计值为正，且在 1% 水平显

著；与 OLS 估计不同，oprobit 和 ologit 估计中，政策租变量的系数估计值在小于 10% 水平上显著为负。结果表明，服务业集聚区提供的集聚租、政策租能有效降低企业融资成本，可见研究假说 7-3 具有稳健性，也与盛丹和王永进（2013）的研究结论吻合。

观察企业层面控制变量的估计系数的正负和显著性，有以下判断：存续时间、企业规模有助于增加企业营业收入，并降低企业融资成本；所有制特征中，国有或集体企业表现出一定优势，其平均营业收入高于私营企业，且融资成本更低，而外资企业的平均营业收入低于私营企业，融资成本则无显著差异；对外合作增加了企业的营业收入，但不能降低融资成本；人力资本无助于企业增加营业收入和降低融资成本。

五、标准化系数的比较

上述估计结果明确了集聚租、政策租影响企业绩效的方向，证实了研究假说 7-3。而研究假说 7-4 "与集聚租相比，政策租是服务业集聚区影响企业绩效的主要机制" 仍有待验证，这涉及对集聚租、政策租相对作用强度的分析。为此，对所有变量进行标准化处理，再进行 oprobit 估计，结果如表 7-13 所示。① 基于标准化系数（或称 β 系数），能有效比较集聚租、政策租对企业绩效的影响程度。

表 7-13 在不控制、控制企业层面变量这两种情形下，分别报告了解释变量对利润率、营业收入、融资成本的回归结果。以控制了企业层面变量的第（2）、第（4）、第（6）列为准，比较政策租、集聚租变量的标准化系数。不难发现，政策租标准化系数的绝对值均明显大于集聚租标准化系数的绝对值，前者大约为后者的 1.5 倍。可见，政策租是服务业集聚区影响企业绩效的主要机制，其作用强于集聚租，研究假说 7-4 得到初步证实。

---

① ologit 估计结果与 oprobit 类似，限于篇幅未列出。

表 7-13　集聚租、政策租与企业绩效：标准化系数的比较

	（1）	（2）	（3）	（4）	（5）	（6）
	利润率	利润率	营业收入	营业收入	融资成本	融资成本
集聚租	0.302 ***	0.299 ***	0.212 ***	0.140 ***	-0.221 ***	-0.196 ***
	（5.97）	（5.74）	（4.32）	（2.94）	（-4.07）	（-3.55）
政策租	0.477 ***	0.449 ***	0.123	0.207 *	-0.331 ***	-0.295 **
	（5.34）	（4.31）	（1.53）	（1.74）	（-3.23）	（-2.52）
存续时间		-0.012		0.262 ***		-0.128 **
		（-0.25）		（5.26）		（-2.19）
企业规模		0.083		0.842 ***		-0.189 ***
		（1.55）		（13.05）		（-3.12）
国有或集体企业		-0.079 *		0.171 ***		-0.189 ***
		（-1.90）		（4.44）		（-3.66）
外资企业		0.006		-0.060 **		0.047
		（0.14）		（-2.37）		（0.78）
对外合作		0.042		0.118 ***		0.045
		（0.95）		（2.61）		（0.93）
人力资本		0.068		0.096 *		-0.051
		（1.31）		（1.91）		（-0.94）
行业固定效应	Y	Y	Y	Y	Y	Y
园区固定效应	Y	Y	Y	Y	Y	Y
Wald 统计值	138.09 ***	150.73 ***	273.87 ***	500.88 ***	274.48 ***	323.57 ***
观测值	800	741	810	751	862	804

注：***、**、*分别表示在1%、5%、10%的显著性水平上显著，括号内数值为根据稳健标准误计算的 t 统计值。

资料来源：笔者计算。

六、基于回归的夏普里值分解

除了比较集聚租、政策租的标准化系数，还采用基于回归的夏普里值

分解方法，比较集聚租、政策租对企业绩效差异的贡献率，以进一步证实研究假说 7-4。为方便起见，这里以表 7-11 第（4）列、表 7-12 第（2）和第（5）列的 oprobit 估计结果为基础，生成用于分解的回归方程，进而对企业绩效差异进行夏普里值分解。其中，企业绩效差异包括利润率差异、营业收入差异、融资成本差异三类，均同时用基尼系数（Gini）、变异系数（CV）衡量。分解结果如表 7-14 所示，各变量对企业绩效差异的贡献率用百分比表示。

表 7-14　企业绩效差异的分解结果

变量	（1）	（2）	（3）	（4）	（5）	（6）
	利润率	利润率	营业收入	营业收入	融资成本	融资成本
	Gini（%）	CV（%）	Gini（%）	CV（%）	Gini（%）	CV（%）
集聚租	37.5	34.8	7.2	5.9	20.8	19.5
政策租	47.1	56.9	8.9	8.3	32.0	34.6
存续时间	0.1	-0.4	14.0	13.3	11.6	10.9
企业规模	7.0	5.5	59.5	65.2	19.9	19.4
国有或集体企业	2.4	0.3	5.2	5.0	11.2	13.0
外资企业	0.0	0.0	0.1	0.0	0.2	0.2
对外合作	0.8	-0.7	2.2	1.0	1.6	1.0
人力资本	5.2	3.6	2.8	1.3	2.6	1.3
总计	100	100	100	100	100	100

资料来源：笔者计算。

观察以基尼系数衡量的企业绩效差异分解结果，不难发现：作为对利润率差异贡献最大的两个可观测因素，集聚租、政策租的贡献率分别为37.5%和47.1%，前者明显低于后者；营业收入差异的分解中，集聚租、政策租虽然不及企业规模、存续时间，但仍在较大程度上影响营业收入差异，其中集聚租的贡献率为7.2%，略低于政策租8.9%的贡献率；而在融资成本差异的分解中，集聚租、政策租是贡献最大的两个可观测因素，其贡献率分别为20.8%和32.0%，前者仍然低于后者。以变异系数衡量的企业绩效差异分解，也得到类似的结果，说明分解具有稳健性。

基于回归的夏普里值分解表明，服务业集聚区影响企业绩效的两类机制中，政策租对企业绩效的作用强度，要明显大于集聚租的作用强度。换言之，与集聚租相比，政策租是服务业集聚区影响企业绩效的主要机制。正如前文所分析的，目前的服务业集聚区仍沿袭制造业集聚区的建设模式，注重大企业、大项目的引进和带动，忽略基于产业生态和文化氛围的企业间互动，使集聚租的作用受到限制，导致政策租扮演的角色相对更为重要。由此，研究假说7-4得到证实。

七、进一步分析

前文证实了研究假说7-3、假说7-4，即服务业集聚区提供的集聚租、政策租能提升企业绩效，且政策租的影响强于集聚租。这里将通过考察企业入驻服务业集聚区的动机，进一步分析服务业集聚区对企业绩效的影响机制。其逻辑在于，企业作为理性人，在选择入驻服务业集聚区时，能够清醒地认识到自身绩效是否受集聚租、政策租的影响，且能判断这两类影响机制的相对强弱（郑江淮等，2008）。

调查问卷中，设置了题项考察企业的入驻动机。问卷中请企业选择以下5个集聚租选项中，哪些吸引了企业入驻服务业集聚区：便于寻找人才、便于信息交流、宽松自由的社交环境、接近供应商和接近客户。其中，便于寻找人才、便于信息交流分别代表专业劳动力市场、知识溢出；接近供应商、接近客户则从价值链角度强调企业间的垂直关联，一般在园区中有供应商或客户的企业，可能更容易获得劳动、知识等生产要素；高度依赖面对面交流的知识溢出对社交环境要求较高，因此将宽松自由的社交环境用于刻画知识溢出的制约因素。

同样地，问卷中请企业选择以下5个政策租选项中，哪些吸引了企业入驻服务业集聚区：硬件设施、交通、公共服务、园区品牌和优惠政策。其中，硬件设施、交通是园区通过大量物质资本投入所提供的有形基础设施；

公共服务、园区品牌是园区以管理、广告宣传等方式提供的无形基础设施；优惠政策则包括园区在专项资金补助、税收减免、租金优惠和金融扶持等方面对企业的支持。

统计服务业企业对以上 10 个选项的投票，可以观察企业入驻服务业集聚区的动机。表 7-15 给出了 939 家服务业企业的投票结果。结果显示，在所有 2874 票中，5 个政策租选项共得到了 2050 票，占总票数比重高达 71.3%。其中，硬件设施、交通等有形基础设施得到 1049 票，占比 36.5%；公共服务、园区品牌等无形基础设施得到 590 票，占比 20.5%；优惠政策 411 票，占比 14.3%。与此相对，5 个集聚租选项总共只得到 824 票，占总票数比重仅为 28.7%。其中，接近供应商、接近客户选项共得到 424 票，占比 14.8%；便于寻找人才、便于信息交流、宽松自由的社交环境等选项得到 400 票，占比 13.9%。显而易见，得票数的前 5 名全部是政策租选项。进一步地，表 7-15 也报告了被调查企业对 4 类优惠政策的投票结果，据此可判断不同类型的优惠政策对服务业企业的吸引力。不难发现，企业对优惠政策的偏好，依次为专项资金补助、税收减免、金融扶持和租金优惠，其得票数占比分别为 40.7%、24.9%、20.7% 和 13.7%。

表 7-15　服务业企业的入驻动机

选项	投票数	比重（%）
#入驻动机		
硬件设施	590	20.5
优惠政策	411	14.3
园区品牌	255	8.9
接近客户	196	6.8
便于寻找人才	137	4.7
交通	459	16.0
公共服务	335	11.6
接近供应商	228	7.9
便于信息交流	187	6.5

续表

选项	投票数	比重（%）
宽松自由的社交环境	76	2.6
#优惠政策		
专项资金补助	347	40.7
金融扶持	176	20.7
税收减免	212	24.9
租金优惠	117	13.7

资料来源：笔者基于问卷调查数据计算。

是否存在个别行业或园区，其企业更加偏好集聚租而非政策租？为此，按企业所属行业、园区分别报告企业对集聚租、政策租的投票结果，如表7-16所示，括号中数值为政策租票数占该行业或园区总票数的百分比。

从表7-16不难发现，各行业的服务业企业对政策租的投票百分比均在60%以上，个别行业如会展业、艺术品业的政策租占比甚至高达86%左右。这说明，所有服务业行业中企业均偏好政策租，只是存在程度的差异。从园区看，各园区的服务业企业对政策租的投票百分比也在60%以上，政策租占比最高的3个园区，既包括国家级的苏州国家广告产业园（85.9%），也有省级的盐城广告创意产业园（88.0%）和连云港广告产业园（84.5%），同样说明所有园区的企业均偏好政策租，仅存在程度的差异。

从企业的入驻动机视角看，服务业集聚区提供的集聚租、政策租的确能够提升企业绩效，因此为企业所重视。但与集聚租相比，服务业集聚区中的企业显然更偏好政策租，从侧面进一步说明政策租是服务业集聚区影响企业绩效的主要机制。有必要指出，对研究假说7-4的验证是基于规模较大、集聚程度较高的国家级或省级服务业集聚区，由此可以推测在那些规模和集聚程度不足的市级、区县级服务业集聚区，由于集聚租相对更小，政策租很可能是服务业集聚区提升企业绩效的唯一机制。

表 7-16 分行业、园区的企业入驻动机

行业	集聚租	政策租	政策租比重（%）
#行业			
广告业	431	1030	70.5
广播电影电视业	7	25	78.1
出版业	5	18	78.3
游戏动漫业	61	114	65.1
创意设计业	35	110	75.9
软件业	129	310	70.6
会展业	3	19	86.4
演艺娱乐业	4	11	73.3
文化艺术培训业	9	28	75.7
文化信息服务业	41	73	64.0
艺术品业	2	12	85.7
其他服务业	97	300	75.6
#园区			
南京国家广告产业园	203	357	63.8
苏州国家广告产业园	31	189	85.9
无锡国家广告产业园	111	381	77.4
常州国家广告产业园	347	623	64.2
徐州创意68文化产业园	44	142	76.3
宿迁广告产业园	26	59	69.4
连云港广告产业园	20	109	84.5
淮安广告创意园	24	58	70.7
盐城广告创意产业园	18	132	88.0

资料来源：笔者基于问卷调查数据计算。

在短期内，政策租能迅速吸引服务业企业集聚，有利于服务业集聚区的迅速扩张。但从长期来看，服务业集聚区高度依赖政策租，存在着一系列问题：第一，效率问题。服务业集聚区的建设背离了"以集聚促发展"的初衷，所产生的集聚租有可能不足以覆盖地方政府投入的政策租，反而

使地方政府背上了沉重的财政包袱。第二，公平问题。如果以这种方式将公共资源再分配给入驻企业，对服务业集聚区以外的企业明显有失公平。第三，可持续发展问题。地方政府对集聚区的财政投入不可能是无限的，政策租总有耗散的一天。等到服务业集聚区的基础设施老化、优惠政策退出，服务业企业就会"用脚投票"，迁往其他服务业集聚区寻找新的政策租，外部企业也不再有进入的动力，原服务业集聚区可能会迅速衰落。入驻企业缺乏园区根植性，增加了服务业集聚区未来发展的不确定性。

第五节　小结

建设服务业集聚区已成为地方政府发展服务业的重要政策工具。服务业集聚区是否推动了企业发展，有待严谨的效果评估。在理论分析的基础上，利用2013年江苏9个服务业集聚区内939家企业的截面数据进行实证分析。

在考虑全球价值链作用的同时，估计外部规模经济对企业创新的影响。回归分析表明，服务业集聚区提供的外部规模经济，以及嵌入全球价值链所获得的国际技术外溢，显著提高了服务业企业的创新能力，且这一结论具有稳健性。此外，在服务业集聚区、全球价值链与服务业创新的因果链条中，吸收能力虽无调节作用，但能够直接促进服务业创新。

进一步地，本章从集聚租、政策租双重维度探讨服务业集聚区对企业绩效的影响。回归结果表明，集聚租、政策租均显著提升了服务业企业绩效，表现为提高企业的利润率、营业收入，并降低企业的融资成本。比较核心解释变量的标准化系数，以及基于回归的夏普里值分解则发现，当前服务业集聚区对企业绩效的主要影响机制是政策租而非集聚租。分析企业入驻服务业集聚区的动机，也发现企业更偏好政策租。

第八章 结　语

第一节　本书的主要结论

本书系统地研究了中国服务业集聚的特征、成因和影响，以下为主要研究结论。

一、中国服务业集聚的特征

本书首次在县级单元上测量中国服务业集聚，解决了现有研究中空间单元过大的问题。基于全国人口普查分县数据，采用区位基尼系数、区位熵刻画2010年中国服务业集聚的特征，有以下发现：全国层面上，服务业整体的区位基尼系数为0.517，集聚程度适中；分组来看，程度由高到低依次是生产性服务业、消费性服务业和公共服务业；所有的服务业门类均表现出集聚性，部分门类的集聚程度高于制造业；与2000年相比，生产性服务业、消费性服务业的集聚程度有增有减，而公共服务业的集聚程度存在减弱趋势。在三大地区层面，西部的服务业集聚程度最高，中部的服务业集聚程度最低，东部的服务业集聚程度则处于中间水平；服务业的分布差异主要由东部、中部、西部内部的分布差异所引起。省域层面上，服务业的平均集聚程度相对降低，部分门类甚至呈非集聚状态，但仍有服务业门类属于高度集聚；西藏、青海、新疆等欠发达省份的服务业集聚程度要远高于发达省份；服务业的分布差异主要由省域内部的分布差异所引起。在县级单元上，服务业整体呈集聚状态的县级单元有 1009 个，但高度集聚的县级单元很少且不存在超高度集聚的县级单元；公共服务业呈集聚状态的县级单元数量明显多于生产性服务业、消费性服务业；服务业门类的集聚表现出较强的异质性。

进一步地，将研究视角扩展至服务业的规模分布。用 Moran's I 指数测量服务业规模分布的空间相关性，用 Pareto 指数测量服务业规模分布对 Zipf 定律的偏离程度，结果如下：全国层面上，服务业整体的全域 Moran's I 指数为 0.406，呈现正的空间相关性，局域 Moran's I 指数则表明，服务业整体的规模分布存在一定的"俱乐部"特征；Pareto 指数为 0.737，规模分布较为均匀，不服从 Zipf 定律。此外，在三大地区、省域等区域层面，以及服务业分组（生产性服务业、消费性服务业和公共服务业）、服务业门类等行业层面，服务业的规模分布均表现出较强的异质性。

二、中国服务业集聚的成因

厘清服务业集聚的形成机制，是推动中国服务业集聚发展的重要前提。本书从经济地理因素、制度因素两个维度提出理论框架，系统地解释中国服务业集聚现象。在此基础上，利用 2007 年省级投入产出表、2008 年全国经济普查资料以及 2010 年全国人口普查分县资料，构造"省域—行业"截面数据集，实证检验中国服务业集聚的形成机制。结果表明：四类经济地理因素的作用存在差异，专业劳动力市场、知识溢出能显著促进服务业集聚，而中间投入共享、市场规模的影响不显著；两大制度因素中，地方保护主义阻碍了服务业集聚，对外开放对服务业集聚则无显著影响。

特别地，本书考察了文化产业这一特殊的服务业类型是如何集聚的。文化产业集聚可促进城市产业转型升级，也有助于提升城市的文化品位和竞争力。在理论分析基础上，利用 2003—2011 年中国 35 个大中城市数据，考察城市文化产业集聚的决定因素。结果表明各因素对城市文化产业集聚的影响存在区域差异：第一，产业结构、人力资本、产业政策促进了西部城市的文化产业集聚，但对东、中部城市影响不显著；第二，产业多样化对东、中部城市文化产业集聚有正向影响，对西部城市影响不显著，而产业专业化抑制了东部城市的文化产业集聚，促进了中、西部城市文化产业集聚；第三，基础设施对城市文化产业集聚没有显著影响。

三、中国服务业集聚的影响

随着中国经济向高质量发展转型，工业效率的提升成为重要的现实问题。本书构造理论模型，说明科技服务业集聚能通过经济关联、知识关联机制产生外部规模经济，进而促进工业效率提升。在此基础上，分别利用2008—2016 年省级面板数据以及 2000—2017 年关中平原城市群、成渝城市群的城市数据进行实证检验。全国层面的研究发现：首先，科技服务业集聚能显著提升工业效率。其次，科技服务业集聚对工业效率的影响是线性的，并不存在非线性关系。再次，科技服务业集聚的空间溢出效应不显著，但邻近省份间的工业劳动生产率相互抑制。最后，科技服务业集聚对工业效率的提升主要体现在东部地区，在中部、西部地区不显著。科技服务业集聚对工业效率的提升作用仅存在于关中平原城市群，在成渝城市群中并不显著；这一结果在变换测量指标、变换样本后仍然稳健。

近年来兴起了服务业集聚区建设热潮，能否促进服务业企业发展需要科学的评估。在理论分析基础上，采用江苏 939 家服务业企业微观数据，分别实证检验服务业集聚区对企业创新、企业绩效的影响。研究结果表明：服务业集聚区所提供的外部规模经济，以及嵌入全球价值链所获得的国际技术外溢，显著提高了服务业企业的创新能力。具体而言，专业劳动力市场、知识溢出这两类外部规模经济均具有正向的创新效应；四种典型的全球价值链嵌入方式中，服务业进口、常规服务外包和逆向服务外包都促进了企业创新，服务业出口的影响则不显著。集聚租、政策租对服务业企业绩效均有显著提升，表现在提高利润率、增加营业收入的同时降低了融资成本；当前服务业集聚区影响企业绩效的主要机制是政策租而非集聚租。分析企业入驻服务业集聚区的动机也发现企业更偏好政策租。

第二节　政策启示

上述研究结论为服务业集聚政策的制定带来了启示。在微观层面上，服务业企业的近距离交往可以产生外部规模经济，作用路径既包括专业劳动力市场、中间投入共享、知识溢出等马歇尔来源，也包括新经济地理学所强调的市场规模，最终有助于提升企业的生产率。对照这一标准，政策制定中需考虑的核心问题是如何推动服务业集聚，以充分利用外部规模经济。

一、推动服务业向发展较好的县级单元集中

本书在县级单元上测量服务业集聚，发现其特征在不同区域层面、不同行业门类上存在较大差异。这一事实反映出服务业集聚问题的复杂性，应在政策制定中引起重视。决策者应推动服务业向发展较好的县级单元适当集中，并加强高度集聚的服务业门类对周边区域的辐射和带动。这一过程中，要发挥专业劳动力市场、知识溢出这两个服务业集聚决定因素的作用：一方面，提升服务业的专业化程度。重视职业教育并强化就业培训，以提升服务业从业者尤其是低技能从业者的技能水平，增强其劳动技能的专业性和特色化，从而发挥专业劳动力市场对服务业集聚的积极影响。另一方面，促进服务业的知识溢出。政府应当从推进信息化建设、为服务业从业者创造面对面交流平台等角度，进一步促进县级单元上的知识溢出。

二、县级单元间形成有效的功能分工和层级分工

生产性服务业集聚的现实，要求在县级单元间形成有效的功能分工。生产性服务业规模较大的县级单元应注重增强服务效能和辐射范围，而不具备规模优势的县级单元则着力在制造、采矿、建筑等若干生产部门形成竞争力，即发挥生产功能。这一"服务—生产"功能分工模式有利于各县级单元形成并发挥比较优势，提升资源利用效率。而服务业门类集聚的异质性则表明，有必要推进县级单元间的服务业层级分工。具备人口规模或人力资本优势的县级单元，应优先发展金融、医疗、科教、商务服务、文化创意等高端服务业，而其他县级单元则应在物流、批发零售、住宿餐饮等低端服务业上投入更多资源，避免盲目地、一窝蜂地发展高端服务业的倾向。

三、促进文化产业向城市集聚

城市层面的文化产业集聚政策可从以下角度着手。第一，通过发展服务业、加大科教投入、培育人力资本来增强文化产业需求和城市资源禀赋，进而提升城市的文化品位，为文化产业集聚创造良好环境。第二，明确城市产业定位，通过合理的多样化、专业化生产，发挥"城市化经济"和"本地化经济"的积极作用，以充分利用城市经济的空间外部性。第三，研究利用金融、交通、文化、通信等基础设施助推文化产业发展的机制，通过产业联动促进文化产业链的完善升级，以促进文化产业与其他相关产业的协同发展。第四，要认识到文化产业集聚的决定因素所发挥的作用存在着区域差异，不同城市应制定适用于自身的文化产业政策，避免盲目"照抄照搬"和"一刀切"的政策倾向。

四、以科技服务业集聚提升工业效率

科技服务业集聚对工业效率存在正向的线性影响，这意味着当前集聚的外部规模经济远大于拥挤成本，因此政策上应当鼓励科技服务业的进一步集聚。应继续加大对科教资源的投资并做好高端人才引进，完善官、产、学、研链条，将知识和技术转化为现实生产力，为工业效率提升带来不竭动力。此外，正视科技服务业集聚影响工业效率的地区异质性。东部地区进一步利用科技服务业集聚提升工业效率，做好以工业效率提升促进中国经济高质量发展的领头羊。中西部地区也应强化科技服务业与工业之间的联系，寻找通过科技服务业集聚提升工业效率的有效路径。

五、服务业集聚区应更好地提供集聚租

提供"政策租"的同时，地方政府更应该重视集聚租对服务业创新发展的推进作用。服务业集聚区建设要从目前自上而下的政策推动型，转为基于系统性优势的支持服务业企业良好发育的集聚推动型。这要求地方政府顺应服务业发展规律，从积极的主导型政府向高效的服务型政府转变，摒弃单纯注重基础设施、优惠政策的粗放型建设思路，更加重视引导服务业企业提升自生能力和园区根植性：一是出台针对服务业集聚区的法律法规，规范服务业集聚区内企业的经营行为，形成尊重契约、诚实守信、保护知识产权的园区生态，以制度优势吸引服务业企业集聚。二是在服务业集聚区培育宽松自由、开放包容、创新创业的文化氛围，以此吸引高水平的服务业专门人才，并通过沙龙、企业联谊会等形式的交流，促进知识溢出和信息扩散。

六、发挥市场在服务业资源配置中的决定性作用

本书的分析表明，消除地方保护主义是促进中国服务业集聚的根本性

举措。清扫服务业要素和人才自由流动的体制性障碍,才能更好地实现服务业集聚发展。一方面,完善市场经济制度。深化国有企业改革,在金融、房地产等高利税的服务业门类引入更多的竞争机制,以此发挥市场在服务业资源配置中的决定性作用。另一方面,缓和地方政府间的过度竞争。通过改革以 GDP 为主的绩效考核机制,减弱地方政府"为增长而竞争"的内在激励,从而弱化政府干预在服务业空间布局中扮演的角色。

参考文献

［美］爱德华·格莱泽：《城市的胜利》，刘润泉译，上海社会科学院出版社
　　2012 年版，第 111-114 页。

安同良、施浩、［荷］Alcorta：《中国制造业企业 R&D 行为模式的观测与实
　　证》，《经济研究》2006 年第 2 期。

白重恩、杜颖娟、陶志刚、全月婷：《地方保护主义及产业地区集中度的决
　　定因素和变动趋势》，《经济研究》2004 年第 4 期。

毕斗斗、方远平、［英］Bryson John、谢蔓、唐瑶：《中国生产性服务业发
　　展水平的时空差异及其影响因素》，《经济地理》2015 年第 8 期。

蔡宏波、杨康、江小敏：《行业垄断、行业集聚与服务业工资——基于 299
　　个四位数细分行业的检验》，《统计研究》2017 年第 2 期。

陈国亮、陈建军：《产业关联、空间地理与二三产业共同集聚——来自中国
　　212 个城市的经验考察》，《管理世界》2012 年第 4 期。

陈红霞、李国平：《中国生产性服务业集聚的空间特征及经济影响》，《经济
　　地理》2016 年第 8 期。

陈建军、陈国亮、黄洁：《新经济地理学视角下的生产性服务业集聚及其影
　　响因素研究——来自中国 222 个城市的经验证据》，《管理世界》2009
　　年第 4 期。

陈建军、陈菁菁：《生产性服务业与制造业的协同定位研究——以浙江省 69
　　个城市和地区为例》，《中国工业经济》2011 年第 6 期。

陈立泰、张祖妞：《服务业集聚与区域经济差距：基于劳动生产率视角》，
　　《科研管理》2011 年第 12 期。

陈倩倩、王缉慈：《论创意产业及其集群的发展环境》，《地域研究与开发》2005 年第 10 期。

陈蔚珊、柳林、梁育填：《基于 POI 数据的广州零售商业中心热点识别与业态集聚特征分析》，《地理研究》2016 年第 4 期。

陈宪、黄建锋：《分工、互动与融合：服务业与制造业关系演进的实证研究》，《中国软科学》2004 年第 10 期。

程大中、黄雯：《中国服务业的区位分布与地区专业化》，《财贸经济》2005 年第 7 期。

崔书会、李光勤、豆建民：《产业协同集聚的资源错配效应研究》，《统计研究》2019 年第 2 期。

戴平生：《区位基尼系数的计算、性质及其应用》，《数量经济技术经济研究》2015 年第 7 期。

戴钰：《湖南省文化产业集聚及其影响因素研究》，《经济地理》2013 年第 4 期。

邓涛涛、王丹丹、程少勇：《高速铁路对城市服务业集聚的影响》，《财经研究》2017 年第 7 期。

段文斌、刘大勇、皮亚彬：《现代服务业聚集的形成机制：空间视角下的理论与经验分析》，《世界经济》2016 年第 3 期。

范剑勇：《产业集聚与地区间劳动生产率差异》，《经济研究》2006 年第 11 期。

付永萍、曹如中：《城市创意产业集聚化发展研究》，《科技进步与对策》2013 年第 4 期。

顾乃华、刘胜：《中国省际契约执行效率影响服务业集聚的理论与实证研究》，《北京工商大学学报》2015 年第 6 期。

顾乃华、夏杰长：《我国主要城市文化产业竞争力比较研究》，《商业经济与管理》2007 年第 12 期。

韩峰、洪联英、文映：《生产性服务业集聚推进城市化了吗?》，《数量经济技术经济研究》2014 年第 12 期。

贺灿飞、潘峰华：《产业地理集中、产业集聚与产业集群：测量与辨识》，《地理科学进展》2007 年第 2 期。

贺灿飞、谢秀珍：《中国制造业地理集中与省区专业化》，《地理学报》2006 年第 2 期。

何骏：《服务业集聚能否加快我国引进服务业 FDI？——基于我国东部主要城市面板数据的分析》，《经济管理》2013 年第 3 期。

胡霞：《中国城市服务业空间集聚变动趋势研究》，《财贸经济》2008 年第 6 期。

胡霞、魏作磊：《中国城市服务业集聚效应实证分析》，《财贸经济》2009 年第 8 期。

黄玖立、李坤望：《对外贸易、地方保护和中国的产业布局》，《经济学（季刊）》2006 年第 3 期。

黄玖立、吴敏、包群：《经济特区、契约制度与比较优势》，《管理世界》2013 年第 11 期。

惠炜、韩先锋：《生产性服务业集聚促进了地区劳动生产率吗?》，《数量经济技术经济研究》2016 年第 10 期。

霍鹏、魏修建、尚珂：《中国知识密集型服务业集聚现状及其影响因素的研究——基于省级层面的视角》，《经济问题探索》2018 年第 7 期。

姜长云：《我国服务业集聚区发展的现状、问题及原因》，《经济研究参考》2014 年第 56 期。

江小涓：《服务全球化的发展趋势和理论分析》，《经济研究》2008 年第 2 期。

孔令池、李致平、徐璇莹：《中国服务业空间集聚：市场决定还是政府主导?》，《上海经济研究》2016 年第 9 期。

李红、王彦晓：《金融集聚、空间溢出与城市经济增长——基于中国 286 个城市空间面板杜宾模型的经验研究》，《国际金融研究》2014 年第 2 期。

李华香、李善同：《中国城市服务业空间分布的特征及演变趋势分析》，《管理评论》2014 年第 8 期。

李佳洺、孙威、张文忠：《北京典型行业微区位选址比较研究——以北京企业管理服务业和汽车制造业为例》，《地理研究》2018年第12期。

李康化：《文化产业与城市再造——基于产业创新与城市更新的考量》，《江西社会科学》2007年第11期。

李鹏、虞虎、王英杰：《中国3A级以上旅游景区空间集聚特征研究》，《地理科学》2018年第11期。

李善同、李华香：《城市服务行业分布格局特征及演变趋势研究》，《产业经济研究》2014年第5期。

李文秀、谭力文：《服务业集聚的二维评价模型及实证研究——以美国服务业为例》，《中国工业经济》2008年第4期。

李晓龙、冉光和、郑威：《科技服务业空间集聚与企业创新效率提升——来自中国高技术产业的经验证据》，《研究与发展管理》2017年第4期。

李元旭、谭云清：《国际服务外包下接包企业技术创新能力提升路径——基于溢出效应和吸收能力视角》，《中国工业经济》2010年第12期。

廖晓东、邱丹逸、林映华：《基于区位熵的中国科技服务业空间集聚测度理论与对策研究》，《科技管理研究》2018年第2期。

林苞：《服务业创新与区域发展策应：深圳个案》，《改革》2015年第9期。

林宏杰：《市场效应、政府行为与科技服务业集聚发展的空间视角分析——以福建省为例》，《重庆大学学报》2018年第5期。

林毅夫、孙希芳：《信息、非正规金融与中小企业融资》，《经济研究》2005年第7期。

刘丹鹭：《服务业国际化条件下的创新与生产率——基于中国生产性服务业企业数据的研究》，《南京大学学报》2013年第6期。

刘军跃、王伟志、赵晓敏：《长江经济带生产性服务业集聚水平比较研究》，《武汉理工大学学报》2015年第1期。

刘康兵、申朴、陆立惠：《我国服务业空间集聚影响因素的研究——基于市场潜力方程的理论与实证分析》，《世界经济文汇》2019年第2期。

刘绍坚：《承接国际软件外包的技术外溢效应研究》，《经济研究》2008年第 5 期。

刘胜、顾乃华：《行政垄断、生产性服务业集聚与城市工业污染——来自
260 个地级及以上城市的经验证据》，《财经研究》2015 年第 11 期。

刘兴凯、张诚：《中国服务业全要素生产率增长及其收敛分析》，《数量经济
技术经济研究》2010 年第 3 期。

刘杨、蔡宏波：《契约环境与服务业集聚——基于中国服务业企业数据的分
析》，《经济学动态》2017 年第 5 期。

刘奕、夏杰长：《全球价值链下服务业集聚区的嵌入与升级——创意产业的
案例分析》，《中国工业经济》2009 年第 12 期。

刘媛、黄斌、姚缘：《我国典型科技服务业集聚区发展模式对江苏的启示》，
《科技管理研究》2016 年第 2 期。

龙小宁、张晶、张晓波：《产业集群对企业履约和融资环境的影响》，《经济
学（季刊）》2015 年第 4 期。

卢福财、徐斌：《中国工业发展演进与前瞻：1978—2018 年》，《经济纵横》
2018 年第 11 期。

鹿坪：《产业集聚能提高地区全要素生产率吗？——基于空间计量的实证分
析》，《上海经济研究》2017 年第 7 期。

罗勇、曹丽莉：《中国制造业集聚程度变动趋势实证研究》，《经济研究》
2005 年第 8 期。

梅强、赵晓伟：《江苏省科技服务业集聚发展问题研究》，《科技进步与对
策》2009 年第 22 期。

潘文卿：《中国的区域关联与经济增长的空间溢出效应》，《经济研究》2012
年第 1 期。

齐芮、祁明：《科技服务业集聚对工业效率提升的溢出效应研究——基于
2003—2015 年中国 215 个地级以上城市的经验证据》，《宏观质量研究》
2018 年第 1 期。

钱学锋、陈勇兵：《国际分散化生产导致了集聚吗?》，《世界经济》2009 年
第 2 期。

任志成、张二震：《承接国际服务外包、技术溢出与本土企业创新能力提升》，《南京社会科学》2012年第2期。

茹乐峰、苗长虹、王海江：《我国中心城市金融集聚水平与空间格局研究》，《经济地理》2014年第2期。

盛丹、王永进：《产业集聚、信贷资源配置效率与企业的融资成本》，《管理世界》2013年第6期。

盛丰：《生产性服务业集聚与制造业升级：机制与经验——来自230个城市数据的空间计量分析》，《产业经济研究》2014年第2期。

盛龙、陆根尧：《中国生产性服务业集聚及其影响因素研究——基于行业和地区层面的分析》，《南开经济研究》2013年第5期。

司增绰、张亚男：《科技服务业集聚对制造业发展的影响——基于江苏省13个地级市的面板数据分析》，《商业经济研究》2017年第7期。

宋立刚、姚洋：《改制对企业绩效的影响》，《中国社会科学》2005年第2期。

苏雪串：《文化产业在中心城市空间集聚的经济机理和模式探析》，《学习与实践》2012年第9期。

孙浦阳、韩帅、许启钦：《产业集聚对劳动生产率的动态影响》，《世界经济》2013年第3期。

孙晓华、刘小玲、徐帅：《交通基础设施与服务业的集聚效应——来自省市两级的多层线性分析》，《管理评论》2017年第6期。

孙永风、李垣：《企业绩效评价的理论综述及存在的问题分析》，《预测》2004年第2期。

谭洪波：《细分贸易成本对中国制造业和服务空间集聚影响的实证研究》，《中国工业经济》2013年第9期。

谭洪波：《生产者服务业与制造业的空间集聚：基于贸易成本的研究》，《世界经济》2015年第3期。

谭娜、彭飞：《文化创意产业集聚区影响区域文化产业优势形成的实证分析》，《中国科技论坛》2016年第5期。

唐保庆、陈志和、杨继军：《服务贸易进口是否带来国外 R&D 溢出效应》，《数量经济技术经济研究》2011 年第 5 期。

唐荣、顾乃华：《上游生产性服务业价值链嵌入与制造业资源错配改善》，《产业经济研究》2018 年第 3 期。

唐诗、包群：《高新技术产业开发区提升了出口技术复杂度吗?》，《首都经济贸易大学学报》2017 年第 6 期。

陶金、罗守贵：《基于不同区域层级的文化产业集聚研究》，《地理研究》2019 年第 9 期。

万道侠、胡彬：《产业集聚、金融发展与企业的"创新惰性"》，《产业经济研究》2018 年第 1 期。

汪凡、白永平、周亮、纪学朋、徐智邦、乔富伟：《中国基础教育公共服务均等化空间格局及其影响因素》，《地理研究》2019 年第 2 期。

王晶晶、黄繁华、于诚：《服务业集聚的动态溢出效应研究——来自中国 261 个地级及以上城市的经验证据》，《经济理论与经济管理》2014 年第 3 期。

王凯、易静：《区域旅游产业集聚与绩效的关系研究——基于中国 31 个省区的实证》，《地理科学进展》2013 年第 3 期。

王猛、高波、樊学瑞：《城市功能专业化的测量和增长效应：以长三角城市群为例》，《产业经济研究》2015 年第 6 期。

魏守华、孙宁、姜悦：《Zipf 定律与 Gibrat 定律在中国城市规模分布中的适用性》，《世界经济》2018 年第 9 期。

巫孝君：《协同视域下科技服务业集聚发展研究——基于 2012—2016 年四川科技服务业数据调查》，《科技管理研究》2018 年第 11 期。

吴福象、曹璐：《生产性服务业集聚机制与耦合悖论分析——来自长三角 16 个核心城市的经验证据》，《产业经济研究》2014 年第 4 期。

吴海瑾：《论现代服务业集聚区与中国城市转型发展》，《山东社会科学》2011 年第 10 期。

吴媛媛、宋玉祥：《中国旅游经济空间格局演变特征及其影响因素分析》，

《地理科学》2018 年第 9 期。

席强敏、陈曦、李国平：《中国生产性服务业市场潜能与空间分布——基于面板工具模型的实证研究》，《地理科学》2016 年第 1 期。

夏永祥、陈群：《以集聚区带动服务业发展——苏州模式的启示与借鉴》，《经济问题探索》2011 年第 5 期。

肖博华、李忠斌：《民族地区文化产业集聚度测算及影响因素分析》，《中国人口·资源与环境》2013 年第 5 期。

谢泗薪、侯蒙：《经济新常态下科技服务业的产业集聚结构模式与立体攻略》，《科技管理研究》2017 年第 2 期。

谢臻、卜伟：《科技服务业集聚、地区创新能力与经济增长——以北京市为例》，《北京社会科学》2018 年第 6 期。

宣烨：《本地市场规模、交易成本与生产性服务业集聚》，《财贸经济》2013 年第 8 期。

宣烨：《生产性服务业空间集聚与制造业效率提升——基于空间外溢效应的实证研究》，《财贸经济》2012 年第 4 期。

宣烨、陆静、余泳泽：《高铁开通对高端服务业空间集聚的影响》，《财贸经济》2019 年第 9 期。

宣烨：《江苏现代服务业集聚区建设经验及对广西的启示》，《广西经济》2015 年第 6 期。

宣烨、余泳泽：《生产性服务业层级分工对制造业效率提升的影响——基于长三角地区 38 城市的经验分析》，《产业经济研究》2014 年第 3 期。

宣烨、余泳泽：《生产性服务业集聚对制造业企业全要素生产率提升研究——来自 230 个城市微观企业的证据》，《数量经济技术经济研究》2017 年第 2 期。

[英] 亚当·斯密：《国民财富的性质和原因的研究》，郭大力、王亚南译，商务印书馆 2003 年版，第 16-19 页。

阎川、雷婕：《财政分权对产业集聚影响的实证分析》，《经济评论》2019 年第 3 期。

杨仁发：《产业集聚与地区工资差距——基于我国 269 个城市的实证研究》，《管理世界》2013 年第 8 期。

杨仁发、张殷：《产业集聚与城市生产率——基于长江经济带 108 个城市的实证分析》，《工业技术经济》2018 年第 9 期。

杨汝岱、朱诗娥：《市场潜力、地方保护与企业成长》，《经济学动态》2015 年第 11 期。

杨亚琴：《经济开放与中国制度变迁——对外开放效应的若干思考》，《社会科学》2002 年第 4 期。

杨颖：《产业融合：旅游业发展趋势的新视角》，《旅游科学》2008 年第 4 期。

于斌斌：《中国城市生产性服务业集聚模式选择的经济增长效应——基于行业、地区与城市规模异质性的空间杜宾模型分析》，《经济理论与经济管理》2016 年第 1 期。

于斌斌：《生产性服务业集聚能提高制造业生产率吗？——基于行业、地区和城市异质性视角的分析》，《南开经济研究》2017 年第 2 期。

余泳泽、陈蕾、杨晓章：《中国式分权与经济增长研究综述》，《南京财经大学学报》2017 年第 2 期。

余泳泽、刘大勇、宣烨：《生产性服务业集聚对制造业生产效率的外溢效应及其衰减边界——基于空间计量模型的实证分析》，《金融研究》2016 年第 2 期。

余泳泽、宣烨、沈扬扬：《金融集聚对工业效率提升的空间外溢效应》，《世界经济》2013 年第 2 期。

俞彤晖：《科技服务业集聚、地区劳动生产率与城乡收入差距》，《华东经济管理》2018 年第 10 期。

袁海：《中国省域文化产业集聚影响因素实证分析》，《经济经纬》2010 年第 3 期。

原毅军、郭然：《生产性服务业集聚、制造业集聚与技术创新——基于省级面板数据的实证研究》，《经济学家》2018 年第 5 期。

张苹、赵伟：《对外开放与中国制造业区域集聚：机理分析与实证检验》，《国际贸易问题》2009 年第 9 期。

张晗：《批判与借鉴：欧美城市文化产业分析指标》，《深圳大学学报》2013 年第 5 期。

张浩然：《生产性服务业集聚与城市经济绩效——基于行业和地区异质性视角的分析》，《财经研究》2015 年第 5 期。

张虎、韩爱华：《中国城市制造业与生产性服务业规模分布的空间特征研究》，《数量经济技术经济研究》2018 年第 9 期。

张虎、韩爱华、杨青龙：《中国制造业与生产性服务业协同集聚的空间效应分析》，《数量经济技术经济研究》2017 年第 2 期。

张惠丽、王成军、金青梅：《基于 ISM 的城市文化产业集群动力因素分析——以西安市为例》，《企业经济》2014 年第 4 期。

张军、刘晓峰、谢露露：《中国服务业的新经济地理特征》，《统计研究》2012 年第 5 期。

张明志、余东华：《服务业集聚对城市生产率的贡献存在拐点吗？——来自中国 275 个地级及以上城市的证据》，《经济评论》2018 年第 6 期。

张蔷：《中国城市文化创意产业现状、布局及发展对策》，《地理科学进展》2013 年第 8 期。

张琴、赵丙奇、郑旭：《科技服务业集聚与制造业升级：机理与实证检验》，《管理世界》2015 年第 11 期。

张清正：《"新"新经济地理学视角下科技服务业发展研究——基于中国 222 个城市的经验证据》，《科学学研究》2015 年第 10 期。

张清正、李国平：《中国科技服务业集聚发展及影响因素研究》，《中国软科学》2015 年第 7 期。

张旺、申玉铭、柳坤：《京津冀都市圈主要服务业集聚的空间特征》，《地域研究与开发》2012 年第 3 期。

张学良：《长三角地区经济收敛及其作用机制：1993～2006》，《世界经济》2010 年第 3 期。

张月友、刘丹鹭：《逆向外包：中国经济全球化的一种新战略》，《中国工业经济》2013 年第 5 期。

赵西亮：《基本有用的计量经济学》，北京大学出版社 2017 年版，第 3-5 页。

赵星、赵仁康、董帮应：《基于 ArcGIS 的我国文化产业集聚的空间分析》，《江苏社会科学》2014 年第 2 期。

郑江淮、高彦彦、胡小文：《企业"扎堆"、技术升级与经济绩效》，《经济研究》2008 年第 5 期。

钟小平：《科技服务业产业集聚：市场效应与政策效应的实证研究》，《科技管理研究》2014 年第 5 期。

钟韵、刘东东：《文化创意产业集聚区效益的定性分析——以广州市为例》，《城市问题》2012 年第 9 期。

朱文涛、顾乃华：《科技服务业集聚是否促进了地区创新——本地效应与省际影响》，《中国科技论坛》2017 年第 11 期。

周黎安：《晋升博弈中政府官员的激励与合作——兼论我国地方保护主义和重复建设问题长期存在的原因》，《经济研究》2004 年第 6 期。

周黎安：《中国地方官员的晋升锦标赛模式研究》，《经济研究》2007 年第 7 期。

Anselin L. , Raymond J. , Florax G. M. , Sergio J. R. , *Advances in Spatial Econometrics：Methodology，Tools and Applications*，Berlin：Springer Verlag，2004.

Bacidore J. M. , Boquist J. A. , Milbourn T. T. , Thakor A. V. , "The Search for the Best Financial Performance Measure", *Financial Analysis Journal*, Vol. 53, No. 3, 1997, pp. 11-20.

Bai C. , Du Y. , Tao Z. , Tong S. Y. , "Local Protectionism and Regional Specialization：Evidence from China's Industries", *Journal of International Economics*, Vol. 63, No. 2, 2004, pp. 397-417.

Baldwin R. E. , Forslid R. , Martin P. , Ottaviano G. , Robert - Nicoud F. ,

Economic Geography and Public Policy, New Jersey: Princeton University Press, 2003.

Baptista R., Swann P., "Do Firms in Clusters Innovate More?", *Research Policy*, Vol. 27, No. 5, 1998, pp. 525-540.

Berliant M., Fujita M., "Knowledge Creation as a Square Dance on the Hilbert Cube", *International Economic Review*, Vol. 49, No. 4, 2008, pp. 1251-1295.

Braunerhjelm P., Johansson D., "The Determinants of Spatial Concentration: The Manufacturing and Service Sectors in an International Perspective", *Industry and Innovation*, Vol. 10, No. 1, 2003, pp. 41-63.

Brlhart M., Traeger R., "An Account of Geographic Concentration Patterns in Europe", *Regional Science and Urban Economics*, Vol. 35, No. 6, 2005, pp. 597-624.

Cohen W. M., Levinthal, D. A, "Absorptive Capacity: A New Perspective on Learning and Innovation", *Administrative Science Quarterly*, Vol. 35, No. 1, 1990, pp. 128-152.

Corrocher N., Cusmano L., "Morrison a Modes of Innovation in Knowledge-intensive Business Services Evidence from Lombardy", *Journal of Evolutionary Economics*, Vol. 19, No. 2, 2009, pp. 173-196.

Desmet K., Fafchamps M., "Changes in the Spatial Concentration of Employment across US Counties: A Sectorial Analysis 1972-2000", *Journal of Economic Geography*, Vol. 5, No. 3, 2005, pp. 261-284.

Demurger S., Sachs J., Woo W., Bao S., Chang G., "The Relative Contributions of Location and Preferential Policies in China's Regional Development: Being in the right place and having the right incentives", *China Economic Review*, Vol. 13, No. 4, 2002, pp. 444-465.

Duranton G., Puga D., "Diversity and Specialisation in Cities: Why, Where and When Does it Matter?", *Urban Studies*, Vol. 37, No. 3, 2000, pp. 533-555.

Duranton G. , Puga D. , "Micro – foundations of Urban Agglomeration Econo-mies", in *Handbook of Regional and Urban Economics*, Vol. 4, Amster-dam: Elsevier, 2004.

Duranton G. , Overman H. G. , "Testing for Localization using Micro – geographic data", *Review of Economic Studies*, Vol. 72, NO. 4, 2005, pp. 1077−1106.

Ellison G. , Glaeser E. , "Geographic Concentration in U. S. Manufacturing In-dustries: A Dartboard Approach", *Journal of Political Economy*, Vol. 105, No. 5, 1997, pp. 889−927.

Fisman R. , Svensson J. , "Are Corruption and Taxaion Really Harmful to Growth? Firm Level Evidence", *Journal of Development Economics*, Vol. 83, No. 1, 2007, pp. 63−75.

Freedman M. , "Job Hopping, Earnings Dynamics, and Industrial Agglomeration in the Software Publishing Industry", *Journal of Urban Economics*, Vol. 64, No. 3, 2008, pp. 590−600.

Fujita M. , Mori T. , "Frontiers of the New Economic Geography", *Papers in Re-gional Science*, Vol. 84, No. 3, 2005, pp. 377−405.

Gallouj C. , Moulaert F. , "The Locational Geography of Advanced Producer Service Firms", *The Geography of Services*, Vol. 31, No. 7, 1993, pp. 267−273.

Glaeser E. L. , Kallal H. D. , Scheinkman J. A. , Shleifer A. , "Growth in Cit-ies", *Journal of Political Economy*, Vol. 100, No. 6, 1992, pp. 1126−1152.

Grimes D. , Prime P B. , Walker M B. , "Change in the Concentration of Em-ployment in Computer Services: Spatial Estimation at the U. S. Metro County Level", *Growth & Change*, Vol. 38, No. 1, 2007, pp. 39−55.

Heckman J. J. , "China's Human Capital Investment", *China Economic Review*, Vol. 16, No. 1, 2005, pp. 50−70.

Illeris S. , Sjoholt P. , "The Nordic Countries: High Quality Service in a Low Density Environment", *Progress in Planning*, Vol. 43, No. 2, 1995, pp. 205-221.

Jacobs J. , *The Economy of Cities*, New York: Random House, 1969.

Jaffe A. , "Real Effects of Academic Research", *American Economic Review*, Vol. 79, No. 5, 1989, pp. 957-970.

Jansen J. J. P. , Volberda H. W. , "Managing Potential and Realized Absorptive Capacity: How Do Organizational Antecedents Matter?", *Academy of Management Journal*, Vol. 48, No. 6, 2005, pp. 999-1015.

Keeble D. , Nachum L. , "Why Do Business Service Firms Cluster? Small Consultancies, Clustering and Decentralization in London and Southern England", *Transactions of the Institute of British Geographers*, Vol. 27, No. 1, 2002, pp. 67-90.

Keller W. , "Trade and Transmission of Technology", *Journal of Economic Growth*, Vol. 7, No. 1, 2002, pp. 5-24.

Kolko J. , "Urbanization, Agglomeration, and Coagglomeration of Service Industries", in *Agglomeration Economics*, Chicago: University of Chicago Press, 2010.

Krugman P. , "Increasing Returns and Economic Geography", *Journal of Political Economy*, Vol. 99, No. 3, 1991a, pp. 483-499.

Krugman P. , *Geography and Trade*, Cambridge M. A. : MIT Press, 1991b.

Lewin A. Y. , Massini S. , Peeters C. , "Why Are Companies Offshoring Innovation? The Emerging Global Race for Talent", *Journal of International Business Studies*, Vol. 40, No. 6, 2009, pp. 901-925.

Li H. , Zhou L. A. , "Political Turnover and Economic Performance: The Incentive Role of Personnel Control in China", *Journal of Public Economics*, Vol. 89, No. 9-10, 2005, pp. 1743-1762.

Marcon E. , Puech F. , "Evaluating the geographic concentration of industries using distance-based methods", *Journal of Economic Geography*, Vol. 3, No. 4, 2003, pp. 409-428.

Marshall A. , *Principles of Economics*, London: MacMillan, 1920.

Martin R. , Sunley P. , "Path Dependence and Regional Economic Evolution", *Journal of Economic Geography*, Vol. 6, No. 4, 2006, pp. 395-437.

Maurel F. , Sedillot B. , "A measure of the geographic concentration in French manufacturing industries", *Regional Science and Urban Economics*, Vol. 29, No. 5, 1999, pp. 575-604.

Mills E. S. , "An Aggregative Model of Resource Allocation in a Metropolitan Area", *American Economic Review*, Vol. 57, No. 2, 1967, pp. 197-210.

Nachum L. , Keeble D. , "MNE Linkages and Localized Clusters: Foreign and Indigenous Firms in the Media Cluster of Central London", *Journal of International Management*, Vol. 9, No. 2, 2003, pp. 171-192.

Nieto M. , Quevedo P. , "Absorptive Capacity, Technological Opportunity, Knowledge Spillovers, and Innovative Effort", *Technovation*, Vol. 25, No. 10, 2005, pp. 1141-1157.

O'Donoghue D. , Gleave B. , "A Note on Methods for Measuring Industrial Agglomeration", *Regional Studies*, Vol. 38, No. 4, 2004, pp. 419-427.

O'Sullivan A. , *Urban Economics*, New York: McGraw-Hill Education, 2011.

Ottaviano G. I. P. , Thisse J. F. , "Agglomeration and Economic Geography", in *Handbook of Regional and Urban Economics*, Vol. 4, Amsterdam: Elsevier, 2004.

Pandit N. R. , Cook G. , "The Benefits of Industrial Clustering: Insights from the British Financial Services Industry at Three Locations", *Journal of Financial Services Marketing*, Vol. 7, No. 3, 2003, pp. 230-245.

Pinch S. , Henry N. , "Paul Krugman's Geographical Economics, Industrial Clustering and the British Motor Sport Industry", *Regional Studies*, Vol. 33, No. 9, 1999, pp. 815-827.

Porter E. M. , "Clusters and the New Economics of Competition", *Harvard Business Review*, Vol. 76, No. 6, 1998, pp. 77-90.

Qian Y. , Xu C. , "Why China's Economic Reforms Differ: The M-Form Hierarchy and Entry Expansion of the Non-State Sector", *Economics of Transition*, Vol. 1, No. 2, 1993, pp. 135-170.

Rosenthal S. S. , Strange W. C. , "The Determinants of Agglomeration", *Journal of Urban Economics*, Vol. 50, No. 7, 2001, pp. 191-229.

Scott A. J. , "Flexible Production Systems and Regional Development", *International Journal of Urban and Regional Research*, Vol. 12, No. 2, 1988, pp. 125-136.

Shearmur R. , Doloreux D. , "Urban Hierarchy or Local Buzz? High-Order Producer Service and Knowledge-Intensive Business Service Location in Canada, 1991 - 2001", *Professional Geographer*, Vol. 60, No. 3, 2008, pp. 333 - 355.

Shorrocks A. F. , "Decomposition Procedures for Distributional Analysis: A Unified Framework Based on the Shapley Value", *The Journal of Economic Inequality*, Vol. 11, No. 1, 2013, pp. 99-126.

Starrett D. A. , "Market Allocations of Location Choice in a Model with Free Mobility", *The Journal of Economic Theory*, Vol. 17, No. 1, 1978, pp. 21-37.

Tiebout C. M. , "A Pure Theory of Local Expenditures", *The Journal of Political Economy*, Vol. 64, No. 5, 1956, pp. 416-424.

Wan G. , "Accounting for Income Inequality in Rural China", *Journal of Comparative Economics*, Vol. 32, No. 2, 2004, pp. 348-363.

Wang J. , "The Economic Impact of Special Economic Zones: Evidence from Chinese Municipalities", *Journal of Development Economics*, Vol. 101, 2013, pp. 133-147.

Xu X. , Wang Y. , "Ownership Structure and Corporate Governance in Chinese Stock Companies", *China Economic Review*, Vol. 10, No. 1, 1999, pp. 75-98.

Yang R. , He C. , "The Productivity Puzzle of Chinese Exporters", *Papers in Regional Science*, Vol. 93, No. 2, 2014, pp. 367-384.

Yasuda T. , "Firm Growth, Size, Age and Behavior in Japanese Manufacturing", *Small Business Economics*, Vol. 24, No. 2, 2005, pp. 1-15.

Zahra S. A. , George G. , "Absorptive Capacity: A Review, Reconceptualization and Extension", *Academy of Management Review*, Vol. 27, No. 2, 2002, pp. 185-203.

Zhao S. X. B. , Zhang L. , Wang D. T. , "Determining Factors of the Development of a National Financial Center: The Case of China", *Geoforum*, Vol. 35, No. 5, 2004, pp. 577-592.

索　引

Q

企业创新　19，124，127，128，131，133，137-139，141-148，163，167

企业绩效　19，65，124，125，128，129，131，132，149，150，152，154-159，161，163，167，168

区位基尼系数　16，18，20，25-27，29-33，36-39，45，47，68，69，71，74，111，112，165

区位熵　8，16，18，20，26，27，39-42，45，47，81，84，98，99，111，113，114，165

区域政策　2，19

S

市场规模　10，12，19，63-67，69-76，93，94，166，168

W

外部规模经济　1，2，11，19，21，44，91，93-96，102，103，109，111，121，124-128，131，133，134，136-139，141-148，150，163，167，168，170

文化产业集聚　19，24，77-89，166，167，169

Z

知识溢出　11，13，14，19，21，29，44，63-67，69-76，79，85，92-94，126，128，129，133，134，137，139-142，146-148，153，159，166-168，170

中间投入共享　19，44，63，65-68，70-75，93，94，166，168

专业劳动力市场　19，21，44，63，65-68，70-76，79，85，93，94，126，128，133，134，139-142，147，159，166-168

后 记

硕士期间，我参与导师的地方服务业发展规划课题，开始了解服务业；攻读博士学位时，逐渐将服务业集聚研究作为一个明确的研究方向；博士后工作期间，则进一步将服务业集聚研究推向深入。作为多年艰难探索的结果，这本书给我的服务业集聚研究画上了一个圆满的句号。

本书也标志着新研究工作的开始。在成为大学教师的第五个年头，我更加热爱经济学研究这项事业，也更加清楚自身的学术使命。希望在未来的若干年里，我能在发展经济学、政治经济学乃至经济史领域，做出令自己满意的新成果。

在本书付梓之际，感谢在我求学和工作期间的三位导师，他们分别是南京财经大学的宣烨教授、南京大学的高波教授和陕西师范大学的王琴梅教授。同时，感谢我的本科生朱丽多，她出色的助研工作为本书增色不少。感谢我的父母，他们表现出中国式父母的隐忍、宽容和无私奉献精神。

最后，感谢经济管理出版社编辑宋娜女士的帮助，使本书得以入选《中国社会科学博士后文库》，对此，我感到非常荣幸。

王 猛

2021 年 10 月 28 日于西安

专家推荐表

第十批《中国社会科学博士后文库》专家推荐表 1

　　《中国社会科学博士后文库》由中国社会科学院与全国博士后管理委员会共同设立，旨在集中推出选题立意高、成果质量高、真正反映当前我国哲学社会科学领域博士后研究最高学术水准的创新成果，充分发挥哲学社会科学优秀博士后科研成果和优秀博士后人才的引领示范作用，让《文库》著作真正成为时代的符号、学术的示范。

推荐专家姓名	王琴梅	电　话	
专业技术职务	教授	研究专长	区域经济学
工作单位	陕西师范大学国际商学院	行政职务	
推荐成果名称	中国服务业集聚研究：特征、成因及影响		
成果作者姓名	王　猛		

　　（对书稿的学术创新、理论价值、现实意义、政治理论倾向及是否具有出版价值等方面做出全面评价，并指出其不足之处）

　　王猛博士申请出版的专著《中国服务业集聚研究：特征、成因及影响》，是在其承担的中国博士后科学基金资助项目"服务业集聚区对企业绩效的影响机制研究"的基础上完成的。本书从特征、成因、影响三个角度，就中国服务业集聚的若干理论问题阐述了自己的认识，很多学术观点兼具创新性和重要性，有较高的理论价值。相信书中基于实证分析结论得到的政策启示，能有效地指导中国服务业发展。全书逻辑清晰、方法规范、文笔流畅，体现了较高的写作水平。本书不存在政治倾向问题。

　　作为王猛博士在博士后流动站期间的合作导师，我郑重向《中国社会科学博士后文库》推荐出版这一专著。并希望王猛博士在后续研究中更加关注服务业集聚的经济影响在细分行业间的异质性，把中国的服务业集聚研究推向深入。

签字：　王琴梅

2021 年 3 月 11 日

说明：该推荐表须由具有正高级专业技术职务的同行专家填写，并由推荐人亲自签字，一旦推荐，须承担个人信誉责任。如推荐书稿入选《文库》，推荐专家姓名及推荐意见将印入著作。

第十批《中国社会科学博士后文库》专家推荐表2

《中国社会科学博士后文库》由中国社会科学院与全国博士后管理委员会共同设立，旨在集中推出选题立意高、成果质量高、真正反映当前我国哲学社会科学领域博士后研究最高学术水准的创新成果，充分发挥哲学社会科学优秀博士后科研成果和优秀博士后人才的引领示范作用，让《文库》著作真正成为时代的符号、学术的示范。

推荐专家姓名	宣 烨	电 话	
专业技术职务	教授	研究专长	服务业发展
工作单位	南京财经大学国际经贸学院	行政职务	院长
推荐成果名称	中国服务业集聚研究：特征、成因及影响		
成果作者姓名	王 猛		

（对书稿的学术创新、理论价值、现实意义、政治理论倾向及是否具有出版价值等方面做出全面评价，并指出其不足之处）

本人作为长期研究服务业的学者，很高兴读到王猛副教授的《中国服务业集聚研究：特征、成因及影响》一书。该书在中国背景下系统地分析了服务业集聚问题，是服务业研究领域的一部力作。书中有很多值得重视的理论创见，比如在县级单元上测量全国层面的服务业集聚特征、从经济地理和制度两个维度探讨服务业集聚的成因、从集聚租和政策租维度分析服务业集聚区的经济效应等。同时，上述研究有明确的现实意义和政策指向，有利于现阶段中国服务业政策体系的构建和调整。经审查，该书政治倾向正确。

推荐出版。

签字：

2021 年 3 月 15 日

说明：该推荐表须由具有正高级专业技术职务的同行专家填写，并由推荐人亲自签字，一旦推荐，须承担个人信誉责任。如推荐书稿入选《文库》，推荐专家姓名及推荐意见将印入著作。

经济管理出版社
《中国社会科学博士后文库》
成果目录

第三批《中国社会科学博士后文库》

序号	书　名	作　者
1	《程序正义与人的存在》	朱　丹
2	《高技术服务业外商直接投资对东道国制造业效率影响的研究》	华广敏
3	《国际货币体系多元化与人民币汇率动态研究》	林　楠
4	《基于经常项目失衡的金融危机研究》	匡可可
5	《金融创新与监管及其宏观效应研究》	薛昊旸
6	《金融服务县域经济发展研究》	郭兴平
7	《军事供应链集成》	曾　勇
8	《科技型中小企业金融服务研究》	刘　飞
9	《农村基层医疗卫生机构运行机制研究》	张奎力
10	《农村信贷风险研究》	高雄伟
11	《评级与监管》	武　钰
12	《企业吸收能力与技术创新关系实证研究》	孙　婧
13	《统筹城乡发展背景下的农民工返乡创业研究》	唐　杰
14	《我国购买美国国债策略研究》	王　立
15	《我国行业反垄断和公共行政改革研究》	谢国旺
16	《我国农村剩余劳动力向城镇转移的制度约束研究》	王海全
17	《我国吸引和有效发挥高端人才作用的对策研究》	张　瑾
18	《系统重要性金融机构的识别与监管研究》	钟　震
19	《中国地区经济发展差距与地区生产率差距研究》	李晓萍
20	《我国国有企业对外直接投资的微观效应研究》	常玉春
21	《中国可再生能源决策支持系统中的数据、方法与模型研究》	代春艳
22	《中国劳动力素质提升对产业升级的促进作用分析》	梁泳梅
23	《中国少数民族犯罪及其对策研究》	吴大华
24	《中国西部地区优势产业发展与促进政策》	赵果庆
25	《主权财富基金监管研究》	李　虹
26	《专家对第三人责任论》	周友军

第五批《中国社会科学博士后文库》

序号	书　名	作　者
1	《财务灵活性对上市公司财务政策的影响机制研究》	张玮婷
2	《财政分权、地方政府行为与经济发展》	杨志宏
3	《城市化进程中的劳动力流动与犯罪：实证研究与公共政策》	陈春良
4	《公司债券融资需求、工具选择和机制设计》	李　湛
5	《互补营销研究》	周　沛
6	《基于拍卖与金融契约的地方政府自行发债机制设计研究》	王治国
7	《经济学能够成为硬科学吗？》	汪毅霖
8	《科学知识网络理论与实践》	吕鹏辉
9	《欧盟社会养老保险开放性协调机制研究》	王美桃
10	《司法体制改革进程中的控权机制研究》	武晓慧
11	《我国商业银行资产管理业务的发展趋势与生态环境研究》	姚　良
12	《异质性企业国际化路径选择研究》	李春顶
13	《中国大学技术转移与知识产权制度关系演进的案例研究》	张　寒
14	《中国垄断性行业的政府管制体系研究》	陈　林

第六批《中国社会科学博士后文库》

序号	书　名	作　者
1	《城市化进程中土地资源配置的效率与平等》	戴媛媛
2	《高技术服务业进口对制造业效率影响研究》	华广敏
3	《环境监管中的"数字减排"困局及其成因机理研究》	董　阳
4	《基于竞争情报的战略联盟关系风险管理研究》	张　超
5	《基于劳动力迁移的城市规模增长研究》	王　宁
6	《金融支持战略性新兴产业发展研究》	余　剑
7	《粮食流通与市场整合——以乾隆时期长江中游为中心的考察》	赵伟洪
8	《文物保护绩效管理研究》	满　莉
9	《我国开放式基金绩效研究》	苏　辛
10	《医疗市场、医疗组织与激励动机研究》	方　燕
11	《中国的影子银行与股票市场：内在关联与作用机理》	李锦成
12	《中国应急预算管理与改革》	陈建华
13	《资本账户开放的金融风险及管理研究》	陈创练
14	《组织超越——企业如何克服组织惰性与实现持续成长》	白景坤

第七批《中国社会科学博士后文库》

序号	书　名	作　者
1	《行为金融视角下的人民币汇率形成机理及最优波动区间研究》	陈　华
2	《设计、制造与互联网"三业"融合创新与制造业转型升级研究》	赖红波
3	《复杂投资行为与资本市场异象——计算实验金融研究》	隆云滔
4	《长期经济增长的趋势与动力研究：国际比较与中国实证》	楠　玉
5	《流动性过剩与宏观资产负债表研究：基于流量存量一致性框架》	邵　宇
6	《绩效视角下我国政府执行力提升研究》	王福波
7	《互联网消费信贷：模式、风险与证券化》	王晋之
8	《农业低碳生产综合评价与技术采用研究——以施肥和保护性耕作为例》	王珊珊
9	《数字金融产业创新发展、传导效应与风险监管研究》	姚　博
10	《"互联网+"时代互联网产业相关市场界定研究》	占　佳
11	《我国面向西南开放的图书馆联盟战略研究》	赵益民
12	《全球价值链背景下中国服务外包产业竞争力测算及溢出效应研究》	朱福林
13	《债务、风险与监管——实体经济债务变化与金融系统性风险监管研究》	朱太辉

第八批《中国社会科学博士后文库》

序号	书　名	作　者
1	《分配正义的实证之维——实证社会选择的中国应用》	汪毅霖
2	《金融网络视角下的系统风险与宏观审慎政策》	贾彦东
3	《基于大数据的人口流动流量、流向新变化研究》	周晓津
4	《我国电力产业成本监管的机制设计——防范规制合谋视角》	杨菲菲
5	《货币政策、债务期限结构与企业投资行为研究》	钟　凯
6	《基层政区改革视野下的社区治理优化路径研究：以上海为例》	熊　竞
7	《大国版图：中国工业化 70 年空间格局演变》	胡　伟
8	《国家审计与预算绩效研究——基于服务国家治理的视角》	谢柳芳
9	《包容型领导对下属创造力的影响机制研究》	古银华
10	《国际传播范式的中国探索与策略重构——基于会展国际传播的研究》	郭　立
11	《唐代东都职官制度研究》	王　苗

第九批《中国社会科学博士后文库》

序号	书 名	作 者
1	《中度偏离单位根过程前沿理论研究》	郭刚正
2	《金融监管权"三维配置"体系研究》	钟 震
3	《大股东违规减持及其治理机制研究》	吴先聪
4	《阶段性技术进步细分与技术创新效率随机变动研究》	王必好
5	《养老金融发展及政策支持研究》	娄飞鹏
6	《中等收入转型特征与路径：基于新结构经济学的理论与实证分析》	朱 兰
7	《空间视角下产业平衡充分发展：理论探索与经验分析》	董亚宁
8	《中国城市住房金融化论》	李 嘉
9	《实验宏观经济学的理论框架与政策应用研究》	付婷婷

第十批《中国社会科学博士后文库》

序号	书　名	作　者
1	《中国服务业集聚研究：特征、成因及影响》	王　猛
2	《中国出口低加成率之谜：形成机制与优化路径》	许　明
3	《易地扶贫搬迁中的农户搬迁决策研究》	周君璧
4	《中国政府和社会资本合作发展评估》	程　哲
5	《公共转移支付、私人转移支付与反贫困》	解　垩
6	《基于知识整合的企业双元性创新平衡机制与组织实现研究》	李俊华
7	《我国流域水资源治理协同绩效及实现机制研究》	陈新明
8	《现代中央银行视角下的货币政策规则：理论基础、国际经验与中国的政策方向》	苏乃芳
9	《警察行政执法中法律规范适用的制度逻辑》	刘冰捷
10	《军事物流网络级联失效及抗毁性研究》	曾　勇
11	《基于铸牢中华民族共同体意识的苗族经济史研究》	孙　咏

《中国社会科学博士后文库》
征稿通知

为繁荣发展我国哲学社会科学领域博士后事业，打造集中展示哲学社会科学领域博士后优秀研究成果的学术平台，全国博士后管理委员会和中国社会科学院共同设立了《中国社会科学博士后文库》（以下简称《文库》），计划每年在全国范围内择优出版博士后成果。凡入选成果，将由《文库》设立单位予以资助出版，入选者同时将获得全国博士后管理委员会（省部级）颁发的"优秀博士后学术成果"证书。

《文库》现面向全国哲学社会科学领域的博士后科研流动站、工作站及广大博士后，征集代表博士后人员最高学术研究水平的相关学术著作。征稿长期有效，随时投稿，每年集中评选。征稿范围及具体要求参见《文库》征稿函。

联系人：宋　娜
联系电话：13911627532
电子邮箱：epostdoctoral@ 126. com
通讯地址：北京市海淀区北蜂窝 8 号中雅大厦 A 座 11 层经济管理出版社《中国社会科学博士后文库》编辑部
邮编：100038

经济管理出版社